D1671694

Damit Familien eine Zukunft haben
Analysen, Perspektiven, Ermutigungen

Reinhard Marx, Heiner Koch, Franz-Josef Bode

Reinhard Kardinal Marx
Erzbischof Heiner Koch
Bischof Franz-Josef Bode

Damit Familien
eine Zukunft haben

Analysen
Perspektiven
Ermutigungen

Bibliografische Information der Deutschen Nationalbibliothek
Die Deutsche Nationalbibliothek verzeichnet diese
Publikation in der Deutschen Nationalbibliografie;
detaillierte bibliografische Daten sind im Internet unter
http://dnb.d-nb.de abrufbar.

Besuchen Sie uns im Internet:
www.st-benno.de

Gern informieren wir Sie unverbindlich und aktuell
auch in unserem Newsletter zum Verlagsprogramm,
zu Neuerscheinungen und Aktionen.
Einfach anmelden unter www.st-benno.de.

ISBN 978-3-7462-4564-5

© St. Benno Verlag GmbH, Leipzig
Umschlaggestaltung: Ulrike Vetter, Leipzig
Umschlagfoto: © Dmitry Naumov/Fotolia
Gesamtherstellung: Kontext, Lemsel (A)

Inhalt

KNOTENPUNKT FAMILIE

An den Familiensonntagen der Jahre 2014, 2015 und 2016 widmet sich die katholische Kirche in Deutschland in drei Bildern wichtigen Aspekten der Lebenswirklichkeit Ehe und Familie: **„Drahtseilakt Ehe − Knotenpunkt Familie − Halteseil Generationenverhältnis".** Das Bild des Seiles ist oft verbunden mit Begriffen wie Halt, Zusammenhalt, Verlässlichkeit und Stabilität, aber auch mit Wagnis, Mut, Gefährdung. Diese Wirklichkeiten sind auch grundlegend für die Gestaltung von Ehe und Familie.

Mir scheinen sie ebenso wesentlich zu sein für die beiden römischen Synoden zum Thema Ehe und Familie in den Jahren 2014 und 2015. Das Wort Synode setzt sich ja im Griechischen zusammen aus den Wörtern syn (zusammen) und hodòs (Weg): Wir erlebten gerade in der römischen Versammlung 2014, dass eine Synode nicht nur eine Sitzung, sondern ein Weg ist, auf dem die Synodenteilnehmer nicht nur nebeneinander sitzen, sondern miteinander gehen und so voneinander und miteinander lernen. Das braucht viel Mut und manche Bereitschaft zum Wagnis, das braucht auch die Kraft des Zusammenhaltes und der Verlässlichkeit. Aus solchen Spannungen kann die Einsicht in die Wahrheit und die Kraft zur Kreativität erwachsen. Eine Synode lebt eben, wir haben es gerade erlebt, aus ihrer Buntheit und Vielseitigkeit, die überraschend ist und doch die Einheit wahrt. Genau dies gilt auch für den Drahtseilakt Ehe

und den Knotenpunkt Familie, nur so kann auch das Generationenverhältnis ein Halteseil sein.
Allen, die sich für das Gelingen von Ehe und Familie einsetzen, allen, die mithelfen, dass der Knoten hält.

Erzbischof Dr. Heiner Koch

Erzbischof Dr. Heiner Koch

RÜCKBLICK MIT PERSPEKTIVEN – FAMILIARIS CONSORTIO

Die Teilnahme der Familie am Leben und an der Sendung der Kirche – Gedanken zu diesem Aspekt des Apostolischen Schreibens Familiaris Consortio von Papst Johannes Paul II. vom 22. November 1981

Die Untersuchungen zeigen es deutlich: den meisten Menschen bedeutet Familie für sich persönlich und für die Gesellschaft sehr viel. Allerdings stehen die vielen Reden über den Wert der Familie und die zahlreichen Bezeugungen ihrer Wertschätzung im deutlichen Kontrast zu ihrer faktischen Situation. In Deutschland sind inzwischen 37 % der Haushalte Einpersonenhaushalte. Nur noch 32 % der knapp 40 Millionen Haushalte in Deutschland sind solche mit Kindern, also nicht einmal ein Drittel! Zwei nachdenklich stimmende Zahlen: Der deutsche Tierschutzbund umfasst 800.000 Mitglieder, der Deutsche Kinderschutzbund: 50:000. Die Ehe hingegen gilt für viele als ein historisch überlebtes Lebensmodell. Zumindest fragen sich viele – gerade auch junge Leute –, warum sie überhaupt heiraten sollen, und was den Staat die persönliche Beziehung zweier sich liebender Menschen überhaupt angehe.

Wahrscheinlich spiegeln die jungen Menschen in dieser Frage die gesellschaftliche Entwicklung in Deutschland wider: In Artikel 6, Absatz 1 unseres Grundgesetzes wird festgehalten, dass Ehe und Familie unter dem besonderen Schutz der staatlichen Ordnung stehen.

Faktisch wird dieser Artikel jedoch immer weiter aus-gehöhlt etwa durch das Lebenspartnerschaftsgesetz und andere Verordnungen, die den besonderen Wert der Ehe relativieren. Damit geht das weit verbreitete politische Bemühen mancher Parteien einher, den be-sonderen juristischen Schutz und die besondere finan-zielle Förderung der Ehe einzuschränken. Zudem: zwar ist auch die staatliche Eheschließung von ihrem Grund-satz her auf Dauer angelegt, die Scheidung ist jedoch zu einer leicht zu händelnden und beliebig oft zu wieder-holenden Möglichkeit verkommen, was die Bedeutung der Ehe im Bewusstsein der Menschen immer mehr herabstuft.

Völlig unklar aber wird den meisten Zeitgenossen wohl sein, was denn eine kirchliche, sakramentale Ehe und in ihrer Folge welches das Spezifikum einer christlichen Familie eigentlich sei? Wahrscheinlich haben viele schon einmal gehört, dass es hinsichtlich der kirchlich-sakramental geschlossenen Ehe keine Scheidung gibt. Vielleicht ist für sie die kirchliche Ehe noch Ausdruck einer besonderen moralischen Qualität dieser Beziehung. Dass die sakramentale Ehe aber etwas mit Berufung zu tun hat, dass sie ein Ort der Gegenwart Gottes ist und dass sie unter der Verheißung des Evangeliums steht, ist für die allermeisten fremd und unbekannt. Als ich in Düs-seldorf Studentenpfarrer war, kamen immer wieder junge Paare zu mir, die ich über lange Zeit begleiten durfte, und die mich fragten, warum sie überhaupt kirchlich heiraten sollten. Dies war für sie nicht eine Frage der Moral, also etwa einer Verweigerung von Verbindlichkeit und Treue. Für sie war vielmehr der Sinn der Tradition und der Institution Ehe rätselhaft geworden. Beim Weltjugendtag in Köln gab es verschiedene Gesprächsforen zum Thema „Ehe und Familie". Die meisten dieser Foren waren völlig überfüllt, was nicht erstaunt, da das Alter der Weltjugendtagsteilnehmer genau den Zeitraum umfasst, in dem für viele die Frage nach einer dauerhaften Lebensgemeinschaft ansteht. Bei der Reflektion dieser Themenforen wurde mir von den verantwortlichen Leitern berichtet, dass die Diskussionen immer wieder auf die Frage nach dem Sinn der kirchlichen Ehe zugelaufen seien.

Diese Unklarheit schlägt sich statistisch nieder in dem deutlichen Rückgang kirchlicher Trauungen. Wurden im Jahr 1980 noch 57 von 100 zivilen Ehen, in denen mindestens einer der Partner katholisch ist, katholisch geschlossen, so waren es im Jahr 2010 gerade noch 30. Wurden im Jahr 1990 110.000 katholische Eheschließungen vorgenommen, waren es im Jahr 2010 noch 48.524.

Sicherlich ist dieser Einbruch in einer Vielzahl von Entwicklungen begründet: in der Bevölkerungsentwicklung, im Rückgang der Bedeutung der Ehe an sich, im Verlust der Bedeutung des christlichen Glaubens, auf dessen Fundament eine christliche Ehe beruht, im Rückgang der kirchlichen Bindung vieler Menschen und im Anstieg der Zahl der Menschen, die eine kirchliche Ehe nicht schließen können, oder im gesellschaftlichen Trend gerade bei jungen Menschen, dass eine kirchliche Eheschließung heute wirklich nicht mehr „in" sei. Auf diesem Hintergrund seien die Aussagen des Apostolischen Schreibens Familiaris Consortio, im Hinblick auf die Teilnahme der Familie am Leben und an der Sendung der Kirche betrachtet.

1. **Das katholisch-sakramentale Wesen von Ehe und Familie in der Darstellung des Apostolischen Schreibens Familiaris Consortio von Papst Johannes Paul II vom 22. November 1981**

Vom 26. September bis zum 25. Oktober 1980 fand im Vatikan die VI. Bischofssynode statt, an deren Ende die Synodenväter dem Papst eine Liste aus ihrer Tagung erwachsener Vorschläge übergaben und den Heiligen Vater baten, „vor der Menschheit die lebendige Sorge der Kirche für die Familie zu bekunden und geeignete Weisungen für einen erneuerten pastoralen Einsatz in diesem grundlegenden Bereich menschlichen und kirchlichen Lebens zu geben" (Familiaris Consortio – FC Nr. 2.). So kam es dann zu dem Apostolischen Schreiben Familiaris Consortio Johannes Pauls II. vom 22. 11. 1981 über die Aufgaben der christlichen Familien in der Welt von heute. Seine Betrachtungen und Forderungen gehen stets von einer wesenhaften Verbindung von Ehe und Familie aus und betrachten beide Lebenswirklichkeiten in ihrem Aufeinander-Bezogensein.

Das Besondere im Apostolischen Schreiben Familiaris Consortio aber ist, dass die beiden Wirklichkeiten Ehe und Familie in engem, unauflöslichem Zusammenhang mit der Wirklichkeit der Kirche gesehen werden. Diesen Wesenszusammenhang zwischen Christus, seiner Kirche und der sakramentalen Wirklichkeit der Ehe und damit der Familie möchte ich verdeutlichen:

1.1. Ehe und Kirche als Orte des Wirkens des Heiligen Geistes

Kirche und Ehe werden von vielen Zeitgenossen ausschließlich als irdische Wirklichkeiten wahrgenommen. Das Apostolische Glaubensbekenntnis aber sieht eine tiefere Wahrheit der Kirche, wenn es formuliert: „Ich glaube an die Heilige Kirche", und dies trotz der immer bewussten und oft erlittenen irdischen Wirklichkeit der Kirche auch mit all ihren dunklen Seiten. Verständlich wird diese Aussage in ihrer Integrierung in den dritten Teil des Glaubensbekenntnisses, in dem das Bekenntnis zum Heiligen Geist formuliert ist: Gott ist gegenwärtig in seinem Geist. Dieser begründet und trägt die Heilige Kirche, die heilig ist, weil der Heilige Gott in seinem Heiligen Geist ihr Grund und ihre Lebenskraft ist. Ebenso ist die Ehe als Sakrament nicht nur eine irdische Wirklichkeit, sie ist auch Ort der Gegenwart des Heiligen Geistes: „Der in der sakramentalen Eheschließung geschenkte Heilige Geist eröffnet den christlichen Ehegatten eine neue Gemeinschaft, eine Liebesgemeinschaft, die lebendiges und wirkliches Bild jener einzigartigen Einheit ist, die die Kirche zum unteilbaren Mystischen Leib des Herrn Jesus Christus macht" (FC Nr. 19).

1.2. Ehe als Gottes Bundeswirklichkeiten

Mit der Kirche und mit den Eheleuten geht Gott im Heiligen Geist eine Verbindung ein, in ihrer Gemeinschaft ist er real präsent. Die Ehe der Getauften wird zum Realsymbol des neuen und ewigen Bundes, der im Blut Christi geschlossen wurde. „Durch die Taufe wurden Mann und Frau endgültig in den neuen und ewigen Bund, in den bräutlichen Bund Christi mit seiner Kirche, hineingenommen, und aufgrund dieses unzerstörbaren Hineingenommenseins wird die vom Schöpfer begründete innige Lebens- und Liebensgemeinschaft der Ehe erhoben und mit der bräutlichen Liebe Christi verbunden – bestärkt und bereichert von seiner erlösenden Kraft... Ihr gegenseitiges Sich-gehören macht die Beziehung Christi zur Kirche sakramental gegenwärtig. Die Eheleute sind daher für die Kirche eine ständige Erinnerung an das, was am Kreuz geschehen ist" (FC Nr. 13). „Die eheliche Liebe hast Du zu einem Zeichen dieses Bundes gemacht, um uns in diesem Sakrament das Wirken deiner Liebe zu bezeugen (Präfation von der Ehe).

1.3. Die Personengemeinschaft von Ehe und Familie in und aus der Wirklichkeit des Dreifaltigen Gottes

Die Ehe als Ort und Geschenk des Heiligen Geistes und die Ehe als Ort und Geschenk des Bundes Gottes hat ihre letzte theologische Begründung im Sein des Dreifaltigen Gottes und damit im Kern des christlichen Glaubens. Aus der Gemeinschaft des Dreifaltigen Gottes, in der die drei Personen Gottes aufgrund ihrer grenzenlosen Liebe eins sind, erwächst die sakramental getragene Ehe als eine unauflösliche personale Gemeinschaft: „Kraft des ehelichen Liebesbundes sind Mann und Frau nicht mehr zwei, sondern eins und berufen, in ihrer Einheit ständig zu wachsen durch die Treue, mit der sie täglich zu ihrem Eheversprechen gegenseitiger Ganzhingabe stehen" (FC Nr. 19).

Ihre Liebe bringt Frucht hervor, so wie auch die Liebe zwischen Gott Vater und Gott Sohn den Heiligen Geist hervorbringt, der – wie es im Glaubensbekenntnis von Nicäa heißt – „aus dem Vater und dem Sohn hervorgeht". Damit sind die Eheleute „Mitarbeiter des liebenden Schöpfergottes" (FC Nr. 28), gerade wenn sie Kindern als Frucht ihrer Liebe das Leben schenken. Deshalb verlangt Familiaris Consortio in Anlehnung an die Enzyklika Humanae vitae auch, „dass die eheliche Liebe voll menschlich, ausschließlich und offen für das neue Leben sein muss" (FC Nr. 29). Familiaris Consortio warnt davor, die menschliche Sexualität zu manipulieren und zu erniedrigen – und damit sich und den Ehepartner, indem ihr der Charakter der Ganzhingabe genommen wird. „So kommt zur aktiven Zurückweisung der Offenheit für das Leben eine Verfälschung der inneren Wahrheit ehelicher Liebe, die zur Hingabe in personaler Ganzheit berufen ist" (FC Nr. 32).

Die Weitergabe des Lebens aber ist nicht nur als biologischer Akt zu verstehen, sondern umfasst die ganzheitliche Bildung der Kinder in der Familie.

„Wenn die Eltern in Liebe und aus Liebe eine neue Person zeugen, die in sich die Berufung zu Wachstum und Entwicklung hat, übernehmen sie eben dadurch die Aufgabe, ihr auch wirksam zu helfen, ein vollmenschliches Leben zu führen ... Den Eltern obliegt es, die Familie derart zu einer Heimstätte der Frömmigkeit und Liebe zu Gott und den Menschen zu machen, dass die gesamte Erziehung der Kinder nach der persönlichen wie der gesellschaftlichen Seite hin davon getragen wird. So ist die Familie die erste Schule der sozialen Tugenden, deren kein gesellschaftliches Gebilde entraten kann. Das Recht und die Pflicht der Eltern zur Erziehung sind als wesentlich zu bezeichnen, da sie mit der Weitergabe des menschlichen Lebens verbunden sind; als unabgeleitet und ursprünglich, verglichen mit der Erziehungsaufgabe anderer, aufgrund der Einzigartigkeit der Beziehung, die zwischen Eltern und Kindern besteht; als unersetzlich und unveräußerlich, weshalb sie anderen nicht völlig übertragen noch von anderen in Beschlag genommen werden können" (FC Nr. 36). Deshalb betont Familiaris Consortio auch die wesentliche Würde des Kindes: „In der Familie als einer Gemeinschaft von Personen muss dem Kind ganz besondere Aufmerksamkeit geschenkt werden, im tiefen Gespür für seine personale Würde, in großer Achtung und selbstlosen Dienst für seine Rechte. Das gilt für jedes Kind, gewinnt aber eine besondere Dringlichkeit, wenn das Kinde noch klein und hilflos ist, krank, leidend oder behindert" (FC Nr. 26).

Die sakramentale Ehe ist also eine Heilswirklichkeit, Ort der Realpräsenz Gottes. Sie hat teil, spiegelt wider und fließt aus der Liebe des Dreifaltigen Gottes, der wie sie Gemeinschaft von Personen ist, die in Freiheit in der Liebe eins sind und aus dieser Liebe heraus Frucht bringen und neues Leben ermöglichen. Sie lebt aus dem Bund, den Gott in Christus mit der Menschheit geschlossen hat und in dem Gott bei aller menschlichen Schwäche den Eheleuten wie der Kirche treu bleibt. In diesem Gedanken des Bundes im Heiligen Geist und der unauflöslichen Gemeinschaft des Dreifaltigen Gottes untereinander und auch mit den Menschen haben Ehe und Familie und Kirche die gleiche Quelle, die gleiche Perspektive, die gleiche Begründung ihrer Einheit. Kirche und

Ehe und Familie sind deshalb nicht nur funktional aufeinander verwiesene Lebenseinheiten, im Glauben und in ihrer sakramentalen Wirklichkeit sind sie untrennbar theologisch verbundene Wirklichkeiten.

2. Einheit von Kirche und Ehe in den drei kirchlichen Grundvollzügen: Liturgia, Martyria, Diakonia

Aus dieser wesenhaften Einheit von Ehe-Familie und Kirche ergibt sich eine Einheit in den drei Grundvollzügen der Kirche, Liturgia, Martyria und Diakonia, die auch Grundvollzüge von Ehe und Familie sind.

2.1. Liturgia: Liturgie und Spiritualität

Familiaris Consortio sieht die christliche Familie als eine Gemeinschaft im Gespräch mit Gott. Sie gehört zum priesterlichen Volk. „Durch das Ehesakrament, in dem sie gründet und aus dem sie ihre Kraft schöpft, wird die christliche Familie dauernd von Jesus, dem Herr, belebt und zum Dialog mit Gott berufen und verpflichtet, zum Dialog durch das sakramentale Leben, durch den Einsatz der eigenen Existenz und durch das Gebet. Das ist die priesterliche Aufgabe, welche die christlichen Familien in tiefster Verbundenheit mit der ganzen Kirche durch den Alltag ehelichen und familiären Lebens verwirklichen kann und muss; so ist sie berufen, sich selbst sowie die kirchliche Gemeinschaft und die Welt zu heiligen" (FC Nr. 55):

Die sakramentale Ehe lebt aus der Feier des Ehesakramentes das ganze Leben lang. „Hieraus ergeben sich die Gnade und die Verpflichtung zu einer echten und tiefen Spiritualität der Ehe und Familie" (FC Nr. 56). Da sie, wie die Kirche aus dem Bund Gottes mit dem Menschen im Kreuz lebt, „ist die Eucharistie Quelle der christlichen Ehe" (FC Nr. 57). „In diesem Opfer des neuen und ewigen Bundes finden die christlichen Eheleute die Quelle, aus der ihr Ehebund Ursprung, innere Formung und dauernde Belebung empfängt" (FC Nr. 57). Die sakramentale Ehe lebt zutiefst auch aus dem sakramentalen Vollzug der Beichte, in der den Eheleuten Gottes Barmherzigkeit in ihrer Schwäche und Gebrechlichkeit immer wieder neu geschenkt wird (vgl. FC Nr. 58). Als mit Gottes Geist verbunden, als geistliche Gemeinschaft prägt die Ehe und Familie zudem das gemeinsame Familiengebet: „Der besondere Inhalt dieses Gebetes ist das Familienleben selbst, das in all seinen verschiedenen Situationen als Anruf Gottes verstanden und als kindliche Antwort auf diesen Anruf vollzogen wird: Freude und Leid, Hoffnung und Enttäuschung, Geburten, Geburtstage und Hochzeitstage, Abschiede, Getrenntsein und Wiedersehen, wichtige und einschneidende Entscheidungen, Todesfälle im Kreis der Lieben und ähnliches mehr – all das sind Marksteine der Begegnung der Liebe Gottes mit der Geschichte der Familie, wie sie auch Anlass zur Danksagung sein sollen, des Bittens, der vertrauensvollen Überantwortung der Familie an den gemeinsamen Vater im Himmel" (FC Nr. 59). Deshalb gehört es auch zu einer wesentlichen Aufgabe einer Familie, die Kinder zum Gebet und zur Liturgie, also zum Leben aus dieser Gemeinschaft mit Gott zu führen. Ehe und Familie werden zutiefst als geistliche Gemeinschaft verstanden; ohne dieses geistliche Miteinander kann ihre sakramentale Wirklichkeit nicht gelebt und erfüllt werden.

2.2. Martyria: Die Familie als verkündende Gemeinschaft

„Die Familie muss wie die Kirche ein Raum sein, wo die frohe Botschaft weitergegeben wird und überzeugend aufleuchtet. Im Schoß einer Familie, die sich dieser Sendung bewusst ist, verkünden alle Familienmitglieder das Evangelium und empfangen es zugleich voneinander. Die Eltern vermitteln nicht nur ihren Kindern die frohe Botschaft, sondern auch die Kinder können diese ihren Eltern in besonderer Lebendigkeit wiederschenken. Eine solche Familie wirkt verkündigend auch auf viele andere Familien und auf die gesamte Umwelt, in der sie lebt" (Papst Paul VI., Apostolisches Schreiben Evangelii nuntiandi 71, in: FC Nr. 52).

Familiaris Consortio spricht also die Verkündigung der Familienmitglieder füreinander an als auch ihren Verkündigungsauftrag für die Menschen in ihrer Umgebung und für die Gesellschaft. Dieser Dienst am Evangelium ist vom Wesen her „kirchliches Tun, eingebettet in den Zusammenhang der ganzen Kirche als einer das Evangelium hörenden und verkündenden Gemeinschaft" (FC Nr. 53).

Wach nimmt das Schreiben die oft gegebene Situation wahr, dass eines der Familienmitglieder keinen Glauben hat oder ihn nicht konsequent lebt. Gerade dann ist das gelebte Glaubenszeugnis der anderen Familienmitglieder notwendig (FC Nr. 54).

2.3. Diakonia: Kirche und Ehe-Familie als Dienst am Menschen und an der Gesellschaft

Die Liebe der Menschen in der Ehe und Familie spiegelt die Gemeinschaft des Dreifaltigen Gottes wider, im täglichen Bemühen, echte personale Gemeinschaft zu leben. „Das muss sich dann ausweiten auf die größere Gemeinschaft der Kirche, in welcher die christliche Familie beheimatet ist; dank der Liebe der Familie muss die Kirche mehr eine häusliche familiäre Dimension bekommen und sich einen menschlicheren und mehr geschwisterlichen Stil des Zueinander und Miteinander aneignen" (FC Nr. 64). Diese Liebe aber geht über die eigenen Glaubensbrüder hinaus gerade zu den Armen, Schwachen, Leidenden und ungerecht Behandelten. „So darf sie sich nicht in sich selbst verschließen, sondern muss offen bleiben für die Gesellschaft und sich vom Sinn für Gerechtigkeit und für die Sorge um den Mitmenschen sowie von der Verpflichtung der eigenen Verantwortung für die Gesamtgesellschaft leiten lassen" , wie es das II. Vatikanische Konzil in seinem Dekret über das Apostolat der Laien, Kapitel 11, formuliert.

In diesem Zusammenhang kommt das Schreiben ausführlich auch auf die Teilnahme der Familie an der gesellschaftlichen Entwicklung zu sprechen. Sie ist die „Grund- und Lebenszelle der Gesellschaft" (FC Nr. 42). Sie ist die erste Schule für jene sozialen Tugenden, die das Leben und die Entwicklung der Gesellschaft bestimmt. Deshalb darf die Familie sich nie in sich selber verschließen, sondern muss sich auf die anderen Familien und die Gesellschaft öffnen und so ihre gesellschaftliche Aufgabe wahrnehmen (vgl. FC

Nr. 42). Sie ist „der ursprüngliche Ort und das wirksamste Mittel zur Humanisierung und Personalisierung der Gesellschaft" (FC Nr. 43). Gerade in einer so genannten Massengesellschaft, in der der Mensch immer mehr seiner personalen Einmaligkeit beraubt zu werden droht mit all den negativen Folgen wie Alkoholismus, Drogen oder Terrorismus, „besitzt und entfaltet die Familie auch heute noch beträchtliche Energien, die imstande sind, den Menschen seiner Anonymität zu entreißen, in ihm das Bewusstsein seiner Personenwürde wachzuhalten, eine tiefe Menschlichkeit zu entfalten und ihn als aktives Mitglied in seiner Einmaligkeit und Unwiederholbarkeit der Gesellschaft einzugliedern" (FC Nr. 43).

Das Apostolische Schreiben fordert die Familien aber auch zu politischem Handeln auf: „Familien müssen als erste sich dafür einsetzen, dass die Gesetze und Einrichtungen des Staates die Rechte und Pflichten der Familien nicht nur nicht beeinträchtigen, sondern positiv stützen und verteidigen" (FC Nr. 44).

3. Das zentrale pastorale Feld Familienpastoral

Familie ist Kirche. Kirche lebt in der Familie, Familie in der Kirche hat Teil an der Sendung der Kirche in ihren drei Grundvollzügen: Liturgia, Martyria, Diakonia.

Deshalb fordert das Apostolische Schreiben Familiaris Consortio auch eine engagierte Familienpastoral. „Jede Anstrengung muss unternommen werden, damit sich die Familienpastoral durchsetzt und entfaltet; widmet sie sich doch einem wirklich vorrangigem Bereich in der Gewissheit, dass die Evangelisierung in Zukunft großenteils von der Hauskirche abhängen wird" (FC Nr. 65). Im Konkreten führt das Apostolische Schreiben folgende pastorale Herausforderungen an:

3.1. Die Vorbereitung junger Menschen auf die Ehe und das Familienleben

Da das Bewusstsein über das, was christliche Ehe und Familie eigentlich ist, immer mehr schwindet, verlangt Familiaris Consortio eine lange Ehevorbereitung als stufenweiser stetiger Prozess, der schon in der Kindheit mit einer klugen Familienerziehung beginnt, der aber sicherlich auch das Behandeln dieses Themas in der Jugendkatechse, in der Schule und insbesondere im Religionsunterricht umfasst. Daran schließt sich die nähere Vorbereitung in einem Ehekatechumenat an, in dem junge Paare auf dem Weg zur Ehe zunächst grundlegend in den Glauben eingeführt werden, ohne den ein bewusstes Eingehen und Leben einer christlichen Ehe gar nicht möglich ist. Schließlich soll die unmittelbare Vorbereitung auf die Feier des Ehesakramentes mit dem abschließenden Eheexamen folgen (vgl. FC Nr. 66).

3.2. Kirchliche Trauung

Familiaris Consortio fordert eine kultivierte und würdige Gestaltung der kirchlichen Trauung, die ja auch ein Ort der Verkündigung und der Glaubensstärkung für die an dieser Liturgie teilnehmenden Gläubigen ist (vgl. FC Nr. 65).
Es ist erstaunlich, dass Familiaris Consortio ein eigenes Kapitel den Brautleuten widmet, die nur eine un-

vollkommene Einstellung zur kirchlichen Trauung besitzen, die das Schreiben als „Getaufte ohne Glauben" bezeichnet, für die die Eheschließung oft nur ein gesellschaftliches Geschehen ist. Hier ermutigt das Schreiben zu einer Offenheit: Kraft ihrer Taufe sind sie in die Kirche eingegliedert und anerkennen durch ihre Absicht den Plan Gottes für die Ehe, stimmen „wenigstens einschlussweise dem zu, was die Kirche meint, wenn sie eine Eheschließung vornimmt" (FC Nr. 68). Das Schreiben warnt vor einer zu schnellen Ablehnung solcher Paare durch die Seelsorge, zumal das Sakrament schon durch die liturgischen Worte und Riten den Glauben stärke. Nur wenn Brautleute ausdrücklich formell die Intention der Kirche zurückweisen, kann die Trauung nicht erfolgen (vgl. FC Nr. 68).

3.3. Pastoral für Verheiratete

Sie soll den Ehepaaren helfen, ihre Berufung und Sendung zu erkennen und zu leben. Diese Unterstützung sei besonders notwendig in den ersten Ehejahren, die geprägt sind durch das Eingewöhnen in das gemeinsame Leben und die Geburt von Kindern. In Familienkreisen können gerade Ehepaare, die schon seit längerem konkrete Erfahrungen in Ehe und Familie haben, mit jungen Familien in einen bereichernden Austausch eintreten (vgl. FC Nr. 69).

3.4. Familienpastoral für Ehen und Familien in schwierigen Situationen

„Ein pastoraler Einsatz, der mehr Hochherzigkeit, Verständnis und Klugheit nach dem Beispiel des guten Hirten erfordert, hat jenen Familien zu gelten, die oft unabhängig vom eigenen Willen oder bedrängt von Sachzwängen verschiedenster Art eine objektiv schwierige Lage zu bewältigen haben." (FC Nr. 77)

3.4.1.

Ein solches besonderes Bemühen seitens der Kirche fordert das Schreiben für die *Familien, in denen eines ihrer Mitglieder lange abwesend ist,* sei es aus beruflichen Gründen oder seien es Familien von Flüchtlingen oder Häftlingen, Familien, die unvollständig sind und nur ein Elternteil haben, Familien mit behinderten und drogensüchtigen Kindern, Familien mit Alkoholikern, Familien im Exil oder Familien, die in der Fremde leben. Hier möchte ich auf eine gerade für Deutschland interessante Entwicklung hinweisen: Anteilmäßig steigt die Zahl der Familien im Bereich der katholischen Migranten und damit der Internationalen Gemeinden in Deutschland. Gerade in diesen Gemeinden wird die Bedeutung der Familie hoch geschätzt und gefördert. Diese Familien zu stärken und ihren Erfahrungsschatz in das Leben der katholischen Kirche in Deutschland einzubringen, ist nach meinen Erfahrungen eine chancenreiche Aufgabe für die Kirche in Deutschland.

3.4.2.

Das Schreiben widmet sich in diesem Zusammenhang auch *Familien, die aus weltanschaulichen Gründen in sich geteilt sind.* „Vor allem ist mit solchen Familien diskreter persönlicher Kontakt zu halten" (FC Nr. 77).

3.4.3.

Für die *konfessionsverschiedenen Ehen* verlangt das Schreiben, „dass der katholische Teil unter Mitwirkung der Gemeinde in seinem Glauben gestärkt wird" (FC Nr. 78). „Die Ehen zwischen Katholiken und anderen Getauften weisen jedoch ... zahlreiche Elemente auf, die es zu schätzen und zu entfalten gilt, sei es wegen ihres inneren Wertes, sei es wegen des Beitrags, den sie in die ökumenische Bewegung einbringen können. Dies trifft insbesondere zu, wenn beide Ehepartner ihren religiösen Verpflichtungen nachkommen" (FC Nr. 78).

3.4.4.

Ausdrücklich nimmt das Schreiben auch die *Ehen* in den Blick, *in denen einer der Partner nicht getauft ist,* sondern einer anderen Religion angehört, deren Überzeugung mit Achtung zu begegnen ist (vgl. FC Nr. 78).

3.4.5.

Schließlich nimmt der Papst die *Menschen* in den Blick, *die nicht in einer Familie im engeren Sinne leben,* die sich oft isoliert fühlen und besonders die Kirche als Familie erleben können sollen (vgl. FC Nr. 85).

3.4.6.

In diesem Zusammenhang ist es wichtig, dass das Apostolische Schreiben mit dem Begriff Familie weit mehr umschreibt als nur die jungen Eltern mit ihren Kindern. Zur Familie gehören auch die *alten Menschen,* die in unserer Gesellschaft oft in unannehmbarer Weise an den Rand gedrückt werden. Diese Familiengruppe wird in unserer Gesellschaft aufgrund der demographischen Entwicklung zahlenmäßig immer umfangreicher. Untersuchungen zeigen aber auch, dass gerade im Hinblick auf die Einführung und Verwurzelung der Kinder und Jugendlichen im Glauben die Bedeutung der Großeltern von hoher Bedeutung ist. Junge Menschen suchen oft gerade mit ihnen die Kommunikation. Als aktive und verantwortliche Zielgruppe innerhalb der Familie wird die Familienpastoral diese Menschen verstärkt beachten, mit einbeziehen. (vgl. FC Nr. 27).

3.4.7.

Kritisch setzt sich das Schreiben mit den *„Ehen auf Probe"* und den *„freien Verbindungen"* auseinander, die die Kirche „vor schwierige pastorale Probleme stellt, und zwar wegen der ernsten Folgen, die sich daraus ergeben sowohl in religiös-sittlicher Hinsicht (Verlust der religiösen Bedeutung der Ehe im Licht des Bundes Gottes mit seinem Volk, Fehlen der sakramentalen Gnade, schweres Ärgernis) als auch in sozialer Hinsicht (Zerstörung des Familienbegriffs, Schwächung des Sinnes für Treue auch gegenüber der Gesellschaft, mögliche seelische Schäden bei den Kindern, zunehmender Egoismus). Seelsorger und kirchliche Gemeinschaft werden bemüht, solche Situationen und deren konkrete Ursachen Fall für Fall kennenzulernen; diskret und taktvoll mit denen, die zusammenleben, Kontakt aufzunehmen, mit geduldiger Aufklärung, liebevoller Ermahnung und dem Zeugnis christlich gelebter Familie darauf hinzuwirken, dass ihnen der Weg gebahnt wird, ihre Situation zu ordnen. Vor allem sollte man sich jedoch darum bemühen, solchen Erscheinungen vorzubeugen." (FC Nr. 81, vgl. auch Nr. 80).

3.4.8.

Schließlich nimmt das Schreiben die Katholiken, die nur *zivil getraut* sind, in den Blick, denen die Pastoral helfen soll, zu einer Übereinstimmung zwischen der Lebenswahl und dem Glauben zu kommen (vgl. FC Nr. 82).

3.4.9.

Familiaris Consortio nimmt auch *die Getrennten und Geschiedenen ohne Wiederheirat* in den Blick, wobei das Schreiben die Trennung als ein äußerstes Mittel ansieht, „nachdem jeder andere vernünftige Versuch sich als vergeblich erwiesen hat" (FC Nr. 83).

3.4.10.

In den Blick nimmt das Schreiben ebenso die *wiederverheiratet Geschiedenen*: „Die Kirche kann diejenigen nicht sich selbst überlassen, die eine neue Verbindung gesucht haben, obwohl sie durch das sakramentale Eheband schon mit einem Partner verbunden sind. Darum wird sie unablässig bemüht sein, solchen Menschen ihre Heilsmittel anzubieten" (Nr. FC 84): Dabei müssen die unterschiedlichen Situationen solcher Paare unterschieden werden. „Es ist ein Unterschied, ob jemand trotz aufwendigen Bemühens, die frühere Ehe zu retten, völlig zu Unrecht verlassen wurde oder ob jemand eine kirchlich gültige Ehe durch eigene schwere Schuld zerstört hat. Wieder andere sind eine neue Verbindung eingegangen im Hinblick auf die Erziehung der Kinder und haben manchmal die subjektive Gewissensüberzeugung, dass die frühere, unhaltbar zerstörte Ehe niemals gültig war" (FC Nr. 84). Der Papst ermahnt die Verantwortlichen, „den Geschiedenen in fürsorgender Liebe beizustehen, damit sie sich nicht als von der Kirche getrennt betrachten" (FC Nr. 84). „Die Kirche bekräftigt jedoch ihre auf die Heilige Schrift gestützte Praxis, wiederverheiratete Geschiedene nicht zum eucharistischen Mahl zuzulassen ..., denn ihr Lebensstand und ihre Lebensverhältnisse stehen im objektiven Widerspruch zu jenem Bund der Liebe zwischen Christus und der Kirche, den die Eucharistie sichtbar und gegenwärtig macht" (FC Nr. 84).

4. Strukturen der Familienpastoral

Die folgenden Träger der Strukturen der Familienpastoral fährt Familiaris Consortio auf:

4.1. Die Pfarreien und Pfarreienzusammenschlüsse (vgl. FC Nr. 70)

In diesem Zusammenhang ist meines Erachtens bei uns auch neu die Rolle der Pfarrgemeinderäte und ihre Zusammenschlüsse etwa in den Seelsorgebereichen zu bedenken, die vor neuen Chancen und Herausforderungen stehen und sich dem Feld der Ehe- und Familienpastoral verstärkt widmen müssen, auch um ihrer eigenen Zukunft willen. Ich halte es beispielsweise für unabdingbar, dass es gerade im Hinblick auf die größer gewordenen Seelsorgebereiche in den Pfarrgemeinderäten Fachausschüsse für Familienpastoral gibt, in denen vielfältige Aktivitäten einer Gemeinde für die Familien von der Familienliturgie bis hin zu den Kindertagesstätten, von Familienkreisen bis zu

Ferienangeboten, von sozialen Hilfen bis zu spirituellen Angeboten für Familien abgestimmt und entwickelt werden.

4.2. Ehe- und Familieinstitutionen (vgl. FC Nr. 75)

Uns deutschen Lesern dieses Schreibens wird wahrscheinlich auffallen, dass den zahlreichen Ehe und Familien unterstützenden Einrichtungen in diesem Schreiben nur wenig Raum geschenkt wird. In diesem Punkt können wir in Deutschland feststellen, wie viele qualifizierte Institutionen der katholischen Kirche in Deutschland existieren. Hier ist etwa zu denken an die überragende Bedeutung der Kindertagesstätten, die gerade heute als Familienzentrum eben nicht nur die Kinder, sondern die gesamte Familie in all ihren Zusammenhängen in den Blick zu nehmen versuchen. Hier ist auch zu denken an die vielen sozialen und Beratungs-Hilfen für Familien etwa im Bereich der Caritas oder an die Hilfsangebote für Migrantenfamilien.

4.3. Familien und Vereinigungen von Familien (vgl. FC Nr. 72)

Zu den Trägern der Ehe- und Familienpastoral und -arbeit zählt Familiaris Consortio auch die Familien selbst und die Vereinigungen von Familien für Familien, „in denen in gewisser Weise das Geheimnis der Kirche aufleuchtet und gelebt wird. ... Es wird deren Aufgabe sein, unter den Gläubigen ein lebendiges Gespür für Solidarität zu wecken, eine vom Evangelium und vom Glauben der Kirche geprägte Lebensführung zu fördern, die Gewissen nach christlichen Werten und nicht nach Maßstäben der öffentlichen Meinung zu bilden, zu caritativen Werken füreinander und anderen gegenüber einer solchen offenen Haltung anzuregen, welche die christlichen Familien zu einer wahren Quelle des Lichtes und zu einem guten Sauerteig macht" (FC Nr. 72). Das Schreiben fordert die Familien auf, sich in solchen, auch in nicht- kirchlichen Vereinigungen, auf allen Ebenen aktiv einzusetzen. „Die Familien müssen als erste sich dafür einsetzen, dass die Gesetze und Einrichtungen des Staates die Rechte und Pflichten der Familien nicht nur nicht beeinträchtigen, sondern positiv stützen und verteidigen. In diesem Sinne sollen die Familien sich dessen immer mehr bewusst werden, dass in erster Linie sie selbst im Bereich der sogenannten Familienpolitik die Initiative ergreifen müssen; sie sollen die Verantwortung für die Veränderung der Gesellschaft übernehmen. Sonst werden die Familien die ersten Opfer jener Übel sein, die sie vorher nur gleichgültig betrachtet haben" (FC Nr. 44). So können sie erreichen, dass die Gesellschaft die Familie achtet und fördert, die „eine Gemeinschaft eigenen und ursprünglichen Rechtes ist" (II. Vat. Konzil, Erklärung über die Religionsfreiheit, Kapitel 5). Deshalb hat die Gesellschaft und der Staat „die ernste Verpflichtung, sich in den jeweiligen Beziehungen zu Familien an das Subsidiaritätsprinzip zu halten. Kraft dieses Prinzips kann und darf der Staat nicht den Familien jene Aufgaben entziehen, welche diese als einzelne oder im freien Verband ebenso gut erfüllen können ... Staatliche Autoritäten müssen ihr Möglichstes tun, um den Familien alle jene Hilfen auf wirtschaftlichem, sozialem, erzieherischem, politischem und kulturellem Gebiet zu sichern, die sie brauchen, um in menschenwürdiger Weise ihrer vollen Verantwortung nachkommen zu können." (FC Nr. 45).

Familiaris Consortio ruft auf diesem Hintergrund auf, „angesichts der weltweiten Dimension auch an einer neuen internationalen Ordnung mitzuwirken" (FC Nr. 48). So unterstützt Familiaris Consortio ausdrücklich den Einsatz für eine Charta der Familienrechte, etwa des Rechts, eine Familie zu gründen, in eigener Verantwortung die Erziehung der Kinder wahrzunehmen, des Rechts auf leibliche, soziale, politische und wirtschaftliche Sicherheit, aber auch des Rechts, die Kinder nach den eigenen religiösen wie kulturellen Traditionen und Werten mit den notwendigen Hilfen, Mitteln und Einrichtungen zu erziehen (vgl. FC Nr. 46).

5. Ein geistlicher Ausblick

In unserer kirchlichen Tradition sprechen wir von der sogenannten Heiligen Familie und meinen damit Jesus, Maria und Josef. Im weitaus größten Teil seines Lebens hat Jesus in dieser Familie gelebt. Sie hat ihn geprägt, in ihr ist er Mensch geworden. In ihr gab es auch das Aushalten, das Nichtverstehen und gemeinsame Lernprozesse, wie sie etwa in den Ereignissen bei der Tempelwallfahrt des Zwölfjährigen deutlich werden. Jeder in dieser Familie ist etwas anderes, als er offensichtlich zu sein scheint: Josef ist der Pflegevater, Maria wird als Gottesmutter bezeichnet und Jesus als Gottes Sohn. Deshalb heißt diese Familie auch zu recht Heilige Familie, weil in ihr die Dimension des Heiligen, des heiligen Gottes, tief und tragend präsent ist. Diese geistliche Tiefe teilen christliche Familien mit der Heiligen Familie: Sie sind sakramentale Orte der Gegenwart Gottes, der ihnen ein eigenes Gepräge, eine eigene Kraft und eine eigene Perspektive im Ehesakrament schenkt. Sie sind heilige Wirklichkeiten, Präsenz des Heiligen Gottes in ihr. In dieser Besonderheit liegt die spezifische Bedeutung einer christlichen Ehe und auch die Motivation, pastoral, aber auch gesellschaftspolitisch sich für die Stärkung und Förderung von Ehe und Familie einzusetzen. Es ist ungenügend, wenn das Spezifikum der christlichen Ehe und Familie heute vor allem in ihrer moralischen Dimension gesehen wird. Alle moralischen Implikationen der christlichen Ehebotschaft gründen auf der frohen Botschaft einer christlichen Ehe: Sie ist Ort der Gegenwart Gottes unter uns Menschen.

Reinhard Kardinal Marx

DIE BEDEUTUNG DER FAMILIE.
AUS DER PERSPEKTIVE DER KATHOLISCHEN KIRCHE

1. Die Bedeutung der Familie

In vormodernen Zeiten war es keine Frage, ob es gut für die einzelne Person ist, in einer Familie zu leben. Es war für die meisten Menschen überlebensnotwendig, schon allein deshalb, weil der einzelne nicht in der Lage war, einen „oikos", einen funktionierenden Haushalt zu führen. Allenfalls konnte man die familiäre Gemeinschaft durch andere Gemeinschaftsformen wie etwa eine klösterliche Lebensform ersetzen. Auch wenn diese stärker verbreitet waren als heute, blieben sie Sonderformen, während der Normalfall das Leben im Familienverbund war. Erst die hoch arbeitsteilige Gesellschaft der Moderne ermöglicht es überhaupt, dass viele Menschen alleine leben und einen Singlehaushalt führen. Sieht man einmal von der sehr vielfältigen Motivationslage ab, die Menschen zu einem Leben als Alleinstehende führt, gilt jedenfalls auch für Singles, dass sie eine Herkunftsfamilie haben. In ihrer Herkunftsfamilie werden Menschen geboren, wachsen auf, erfahren sie das erste und basale Angenommensein, erleben sie Rückbindung und entwickeln aus dieser Sicherheit heraus die Fähigkeit, auf die Umwelt zuzugehen, neue Eindrücke zu verarbeiten und die Welt für sich zu erobern. Für ein Neugeborenes bedeutet die Familie nahezu alles, und nur ganz allmählich, Schritt für Schritt, entwachsen Kinder dem Schoß ihrer Herkunftsfamilie. Dort, wo die Familie ausfällt, ist sie für Kinder nur sehr schwer zu ersetzen. Dort aber, wo die Familie auch nur einigermaßen funktioniert, leistet sie weit über die bloße leibliche Versorgung geradezu unerschöpflich Vieles, angefangen von der liebevollen Zuwendung, über die Erziehung, die Bildung von emotionalen und kognitiven Fähigkeiten bis hin zur religiösen Prägung und Bildung. Die Herkunftsfamilie ist für das Kind und bleibt auch für den Erwachsenen eine Ressource ersten Ranges.

Weit weniger selbstverständlich ist die Bedeutung der eigenen Familiengründung. Wenn die Herkunftsfamilie so bedeutsam ist, dann, so könnte man meinen, müsste es sich doch ebenso von selbst verstehen, dieses unschätzbare Gut in die nächste Generation weiterzutragen. Dass das kein Automatismus ist, erleben wir heute in sehr eigentümlicher Weise. Es ergibt sich die paradox anmutende Situation, dass Jugendliche sich heute in überwältigender Mehrheit die spätere Gründung einer eigenen Familie wünschen, sich dieser Wunsch aber bei einem erheblichen Anteil in den nachfolgenden Jahren nicht erfüllt. Über die Gründe für diese Entwicklung wird viel diskutiert, und es scheint, als ob es sich dabei um ein recht unübersichtliches Geflecht von Faktoren handelt. Die Dauer und Komplexität von Ausbildung, Berufseinstieg und Existenzgründung spielt hier sicher eine Rolle, das unklare Bild im Hinblick auf die Vereinbarkeit von Beruf und Familie vor allem für Frauen, die hohen Erwartungen an die Qualität des Familienlebens, die Verunsicherung hinsichtlich der eigenen Zukunft, die Schwierigkeit, den richtigen Zeitpunkt für die Familiengründung auszumachen, aber auch schon das Problem, überhaupt die geeignete Partnerin und den geeigneten Partner für eine gemeinsame familiäre Zukunft zu finden. Man könnte sicher auch noch weitere Gründe nennen. Was am Ende bleibt, ist die Tatsache, dass viele Menschen einen Wunsch nicht verwirklichen, der eine große Chance in ihrem Leben bedeuten würde. Die Erfahrungen, die jemand dadurch macht, Vater oder Mutter zu werden, sind existentiell nicht unverzichtbar. Das nämlich würde bedeuten, dass jede und jeder, dem dies nicht zuteilwird, den Sinn seines Lebens letztlich verfehlt hätte. Bedeutsam, existentiell ergreifend und tiefgründig lebensverändernd sind diese Erfahrungen aber schon. Sie fördern das Verantwortungsgefühl, machen Lebenssinn augenfällig, zerstören vermeintliche und oft allzu kleinräumige Ordnungsvorstellungen. Sie kosten natürlich auch Anstrengung, Lebenskraft und Nerven. Nicht zuletzt geben sie einen tiefen Eindruck davon, was es heißt, dass das Leben jeden Tag neu ein Geschenk ist. Aber auch die gelingende Beziehung zu erwachsenen Söhnen und Töchtern ist eine unschätzbare Bereicherung des Lebens. In einer Zeit, in der die Lebenserwartung enorm gestiegen ist, wird auch das Besondere der Beziehung zwischen Großeltern und Enkelkindern ganz neu entdeckt. Im familiären Miteinander der Generationen liegen Lebensschätze, die gehoben werden wollen. Natürlich gelingt auch hier nicht alles, werden auch hier Fehler gemacht und Grenzen erfahren. Aber diese Lebenschancen gar nicht erst zu ergreifen, bedeutet von vorneherein einen erheblichen Verzicht, der gut überlegt und abgewogen sein will. Wer diese Mög-

DIE BEDEUTUNG DER FAMILIE.

lichkeit leichtfertig von sich weist, erweist sich selbst keinen guten Dienst. Vor diesem Hintergrund ergibt es sich als eine bedeutende Aufgabe, jungen Erwachsenen Mut zur Familiengründung zu machen und die gesellschaftlichen Rahmenbedingungen so zu gestalten, dass sie es tatsächlich auch wagen können, ohne Angst haben zu müssen, am Ende als Verlierer, Benachteiligte und an den Rand Gedrängte dazustehen. Eine Gesellschaft, die ihren jungen Erwachsenen die Familiengründung und Elternschaft schwermacht, beraubt sie einer zentralen Lebensperspektive.

2. Familie für die Gesellschaft

Mindestens ebenso wie die einzelnen Personen gewinnt auch die ganze Gesellschaft durch Familie. Dieser Gewinn, den die Gesellschaft aus der Familie zieht, beginnt bei der biologischen Reproduktion, ohne die es keine nächste Generation gäbe, aber er endet dabei noch lange nicht. Die nachkommenden „Leistungsträger der Gesellschaft" werden von den Familien nicht nur geboren, sondern eben auch aufgezogen, erzogen, ausgebildet und auf ihrem Weg in das Leben begleitet. Andere Betreuungs-, Erziehungs- und Bildungsinstitutionen können hier immer nur ergänzend hinzukommen und auf das aufbauen, was in der Familie grundgelegt wurde. Wo eine Familie ausfällt, ist auch der Aufwand für die Gesellschaft ganz erheblich, um hier ausgleichend zu wirken. Versuche, die Familie in dieser Hinsicht gesellschaftlich entbehrlich zu machen, haben sich menschheitsgeschichtlich nie bewährt. Natürlich ist es eine Abwägungsfrage, wie viel in diesem Bereich den Familien selbst überlassen wird und wie viel die größere Gemeinschaft an sich zieht. Äußere Umstände, Sachzwänge, Mentalitäten und gewachsene Gewohnheiten spielen dabei durchaus eine Rolle. Der Aspekt der Chancengleichheit wird hier immer ein starkes Motiv sein, die Familie mit dieser Aufgabe nicht völlig allein zu lassen. Eine Gesellschaft, in der die Zukunftschancen junger Menschen nur von der Herkunftsfamilie abhängen, erzeugt große Ungleichheiten. Aber wer andererseits denkt, der Staat könne das alles, was die Familie leistet, viel besser und professioneller machen, der täuscht sich in der Bedeutung der Familie und überfordert staatliche Institutionen und staatliches Handeln ganz gewaltig. Staatliches Eingreifen in die Sphäre der Familie hat immer den Charakter einer Notmaßnahme, und staatliches Handeln in diesem Bereich bleibt ein Hantieren mit „hölzernen Handschuhen". Was sich als einzig sinnvolle Perspektive eröffnet, ist das gemeinsame Überlegen und Handeln. Es kann in erster Linie immer nur darum gehen, Familien in ihrer ureigenen Aufgabenstellung zu fördern, zu unterstützen, zu ergänzen, sie im Kontakt und im Gespräch mit anderen Familien und mit Bildungsinstitutionen zu halten. Statt die Familien zu ersetzen, kommt es darauf an, dafür so weit als möglich Sorge zu tragen, dass sie sich als erste Erziehungs- und Bildungsinstitutionen gut entfalten können und ihre Potentiale und Ressourcen freigesetzt werden. Eine Politik der Gängelung, die versucht, möglichst engmaschig zu kontrollieren und die Familie möglichst genau auf ein sehr konkretes Leitbild der Gestaltung familiären Lebens hinzulenken, passt hier nicht. Familien haben in ihrem alltäglichen Leben sehr viele Ansprüche, Erwartungen, Bedürfnisse, Sachzwänge, Nöte und Wünsche miteinander auszubalancieren. Wer das schaffen soll, der braucht auch einen gewissen Spielraum, um so oder so mit einer Situation umzugehen. Wenn alles vorgegeben wird, kommt die Familie allzu schnell aus dem Tritt.

Die Bedeutung der Familie aus gesellschaftlicher Sicht erschöpft sich aber bei weitem nicht in ihrer Rolle als Reproduktions-, Erziehungs- und Bildungsinstitution. Dass die Familie auch für die Erwachsenen wichtig bleibt, ist zuvor ja schon herausgestellt worden. Aus der Gesellschaftsperspektive lautet die korrespondierende Erkenntnis, dass die Familie als Mikrostruktur und zugleich als gesellschaftliches Bindemittel völlig unverzichtbar ist. Die Vorstellung ist schlichtweg falsch, eine Gesellschaft könne aus Individuen bestehen, die sich hoch mobil und flexibel hier oder dort oder ganz woanders zeitenweise andocken ließen, um dann kurzfristig weder an einen anderen Platz zu wechseln. Menschen brauchen Rückbindung, und so kommt es, dass gerade in einer so hochkomplexen, hochmobilen und hochflexiblen Gesellschaft wie der unseren die Bedeutung von Gegengewichten für diese zentrifugalen Kräfte besonders zunimmt. Gerade dann, wenn vieles in der Gesellschaft im Fluss ist, ist die Familie als Ankerpunkt und stabile Einbindung der einzelnen Personen besonders wichtig für die Gesamtstabilität und für die weitere positive Entwicklung dieser Gesellschaft. Insofern ist darauf zu achten und Rücksicht zu nehmen, dass die Familie in all ihrer Sperrigkeit und Eigendynamik einem gesellschaftlichen Wandel zum Besseren hin gerade nicht hinderlich im Weg steht, sondern ihn stärkt und ihm auch Langfristigkeit verleiht.

3. Familie für die Kirche

Eine besondere Betrachtung verdient in diesem Zusammenhang die Bedeutung von Ehe und Familie für die Kirche. Auf die privilegierte Stellung der Familie als Ort der Glaubensweitergabe wurde bereits hingewiesen. Dabei darf die erste religiöse Prägung, die Kinder in der Familie erfahren, nicht auf ein Verständnis als katechetische Unterweisung reduziert werden. Die Familie ist der Ort, an dem ein Kind sein Urvertrauen entwickelt, seine ersten und grundlegenden Prägungen erfährt, seine ersten Fragen nach dem Sinn des Daseins formuliert, und in aller Regel bleibt die Familie auch zeitlebens der Ort der uneingeschränkten personalen Annahme und Rückbindung. Die Familie ist darüber hinaus der Ort, an dem die religiösen Rituale des Alltags, wie etwa das Gebet und die Segnung eingeübt werden. Hier werden die christlichen Feste begangen, auch über die Kindheit hinaus. Aber auch Fragen, die sich mit Erfahrungen von Krankheit, Leiden, Tod und Trauer stellen, haben ihren Platz ganz besonders in der Familie. So ergibt sich eine Fülle von Bezügen zwischen der Familie und der Religion, die die Familie zu einem vorrangigen Ansprechpartner der Kirche macht. Religion entfaltet sich in dieser Perspektive im Miteinander von Familie und Kirche.

Wenn es allerdings um das Gespräch über religiöse Fragen geht, fühlen sich Eltern heute tatsächlich oft überfordert. Zwar möchten sie ihren Kindern, die in eine komplexe und plurale Gesellschaft hineinwachsen, grundlegende Orientierungen mit auf den Weg geben, aber sie sind oft genug selbst verunsichert in Fragen der religiösen Orientierung und bleiben deshalb oft sprachlos oder wünschen sich, dass dieser Aspekt von Erziehung verstärkt seitens der familienunterstützenden Institutionen wie Kindertagesstätten, Schulen und auch seitens der Pfarrei wahrgenommen wird. Wünschenswert wäre hier ein vertiefter Dialog mit den Eltern, der auslotet, in welcher Weise die Potentiale der Familie hier mit einbezogen werden können.

Ehe und Familie sind für die Kirche keine beliebigen gesellschaftlichen Strukturen. Sie sind auch keine liebgewordenen Gewohnheiten, von denen man sich nur ungern trennt. Sie sind Teil von Kirche und unverzichtbares Gegenüber von Kirche zugleich.

Bischof Dr. Franz-Josef Bode

MACHEN WIR DIE RICHTIGE FAMILIENPOLITIK? – PERSPEKTIVEN

1. Zur Situation der Familien in Deutschland

Zu kaum einer Wirklichkeit des menschlichen Zusammenlebens gibt es in den diesen Jahren so viele Meinungen, Bilder und Diskussionen wie zur Familie. Auf der einen Seite bleibt sie in allen Umfragen die von den meisten Menschen ersehnte Lebensgemeinschaft und unbestritten eine Keimzelle der Gesellschaft wie auch der Kirche (ecclesiola: kleine Kirche, Hauskirche). 80 Prozent aller Kinder verbringen ihre gesamte Jugend in Haushaltsgemeinschaften mit ihren beiden leiblichen Eltern, ein Zehntel mit Stiefeltern, ein Zehntel allein mit Vater oder Mutter. Der Soziologe Walter Bien spricht sogar von einem „goldenen Zeitalter der Familie". In einer Pressemeldung vom 30. März 2015 heißt es:

München (KNA) Deutschland erlebt nach Einschätzung des Münchner Soziologen Walter Bien „allen Unkenrufen zum Trotz" ein „goldenes Zeitalter der Familie". Dabei hätten Ehe und Familie in der Gesellschaft eine deutlich höhere Bedeutung, als es Medien und die öffentliche Diskussion derzeit vermuten ließen, schreibt der leitende Mitarbeiter des Deutschen Jugendinstituts (DJI) in der neuen Ausgabe der Zeitschrift „Gemeinde creativ", die vom Landeskomitee der Katholiken in Bayern herausgegeben wird.

„Die meisten Eltern im Westen der Republik und erst recht in Bayern heiraten und bleiben länger zusammen, als es früher war", so der Wissenschaftler. Gerade beim Übergang ins Erwachsenenalter zeigten sich eine Zustimmung zu Ehe und Familie sowie „eine Hochachtung vor den eigenen Eltern, wie es sie in der Bundesrepublik bisher noch nicht gegeben hat". Die „weitaus meisten" lebten Familie heute „als eine hochgeschätzte, funktionierende, unbefristet angelegte Solidargemeinschaft", schreibt der Autor.

Eine zweite, „deutlich kleinere Gruppe mit eigentlich denselben Ansprüchen" bildeten „die, bei denen etwas schief gelaufen ist". Eine dritte, nochmals kleinere Gruppe lebe in einer Vielzahl unterschiedlichster Familienkonstellationen. Allen Familien sei aber gemeinsam, dass sie „eine langandauernde, eventuell lebenslange, Beziehung ansteuern". Im Kontrast zu dieser Normalität zeichneten die Medien dagegen das Bild von Familie als einem „wilden Durcheinander" aus Alleinerziehenden, nichtehelichen Lebensgemeinschaften und gleichgeschlechtlichen Regenbogenfamilien.

Der Experte betonte die Bedeutung einer angemessenen Familienförderung. „Die Kosten einer Entsolidarisierung unserer Gesellschaft wären ungleich höher." Teil der notwendigen Unterstützung müsse auch die Förderung der Ehe bleiben. Diese sei nicht nur „ein Schonraum für Kinder, sondern generell über den ganzen Lebenslauf eine schützenswerte Solidarbeziehung". – Soweit der Soziologe Bien in der Pressemeldung.

Auf der anderen Seite wird das Augenmerk auf die hohen Zahlen von Scheidungen und Trennungen gerichtet, auf die Zunahme verschiedener Lebensfor-

men: auf die Patchwork-Familien, auf die Lebenspart-
nerschaften Gleichgeschlechtlicher mit eigenen oder
adoptierten Kindern. Bei aller Abwehr von Diskriminierungen solcher Lebensformen bleibt es notwendig, den verfassungsmäßig garantierten besonderen
Schutz von Ehe und Familie gegen alle Nivellierungs-
wünsche in Hinblick auf andere Lebensformen aufrechtzuerhalten. „Familie ist eine auf Dauer angelegte Gemeinschaft der Liebe und Solidarität. Sie ist der
erste Ort, an dem der Mensch Liebe, Vertrauen, Geborgenheit und selbstlose Sorge umeinander erfahren
und lernen kann." So definiert es das Audit Beruf und
Familie des Bischöflichen Ordinariats Würzburg.

Der ursprüngliche Begriff „Familie" steht aus biblischer
wie lateinisch-römischer Sicht eher für die Sippe, die
Großfamilie, die Hausgemeinschaft. Heute ist er ein
Kernbegriff, meint also die Familie, die aus einer Ehe
entstanden ist mit Kindern und in der die Grundgestal-
ten Mutter, Vater, Sohn, Tochter, Schwester, Bruder auf
eigene Weise erfahren werden können.

Aus Sicht der Kirche ist die Unterstützung der Paarbeziehung von zentraler Bedeutung für den Zusammenhalt von Familie. Der Paarbeziehung kommt ein hoher
Eigenwert zu, wenn es um verlässliche Verantwortung
füreinander sowie gegenüber den eigenen Eltern und
weiteren Verwandten geht. Auch die Qualität der Paarbeziehung – die nicht als Paar privat, sondern als Ehe
öffentlich gelebt wird – muss in Staat, Gesellschaft,
Politik und Kirche unbedingt unabhängig von ökonomischen Interessen im Mittelpunkt stehen.

Der Familienbund als besonderes Sprachrohr der katholischen Kirche in diesen Fragen stellt die Bedeutung der Ehe (nicht nur für die Familie) heraus und

untermauert das mit Erkenntnissen der Sozialwissenschaften – durchaus ‚unverdächtigen' Zeugen –, also nicht allein aus religiösen Gründen. Eine unabhängige, heterogene Gruppe von 18 führenden Professoren für Familienthemen hat aus den Ergebnissen von 250 vorliegenden empirischen Untersuchungen die Bedeutung der gelingenden Paarbeziehung in der Ehe in ihren Konsequenzen für Familie, Wirtschaft, körperliche Gesundheit, psychische Gesundheit und emotionale Zufriedenheit, Kriminalität und körperliche Gewalt herausgestellt (siehe Jahresbericht 2012 der Psychologischen Beratung im Bistum Osnabrück). Da kann es dem Staat, der Gesellschaft, der Politik nicht gleichgültig sein, ob möglichst viele Familien aus gelingenden Beziehungen erwachsen oder nicht.

2. Schlussfolgerungen

Die Schlussfolgerungen für unser Leitbild sind denn auch aus soziologischer, psychologischer und beraterischer Sicht (B. Plois):

Unser Familienleitbildpapier muss

- die empirisch gegebene Bedeutsamkeit und Vormachtstellung der klassischen Familie in den Lebensentwürfen von Menschen sehr viel deutlicher herausstreichen;
- die herausragende Bedeutung klassischen gelingenden Familienlebens für die Entwicklungsmöglichkeiten der nachwachsenden Generation sehr viel deutlicher herausstellen, ebenso die Bedeutung der tatsächlich gegebenen Leistungen und

die der potentiellen Leistungen für die ältere Generation;

- sich deutlich abgrenzen von ökonomisch motivierter Instrumentalisierung der Familienpolitik;
- dafür Sorge tragen, dass das Familienbild nicht zu einer Beliebigkeit verwässert wird, in der das Spezifische (Institut Ehe, eigene Nachkommenschaft und für Gläubige auch der Gottesbezug) kaum noch vorkommt und die primär einer Beschäftigung mit „Randthemen" (z. B. homosexuelle Partnerschaften mit Kindern) sowie der Anbiederung an den „Zeitgeist" dient;
- sehr viel deutlicher Elternrechte und Elternpflichten herausstellen;
- sehr viel deutlicher Kinderrechte und Kinderpflichten herausstellen;
- sehr viel deutlicher herausstellen, dass Familie ein subsidiärer Andersort im Gegenüber zur Gesellschaft mit ihren (primär ökonomischen) Zwängen ist;
- herausstellen, dass klassisch Familie zu leben einen Preis hat und Kompromisse fordert, dessen man sich bewusst sein muss;
- sollte betonen, dass die ökonomische Vergesellschaftung der Familie / die rücksichtslose Instrumentalisierung der Familienpolitik für ökonomische, emanzipatorische Zwecke, also die Schwächung der klassischen Familie dazu führt, dass zunehmend „Familienersatzleistungen" z. B. in Form von Fremdunterbringungen (z. B. Heim), Nacherziehungen (z. B. Gefängnis), Therapien psychischer und psychosomatischer Erkrankungen, allgemein Nachbeelterungen, Nachbenestung erforderlich werden.

Kirche verteidigt den inneren Zusammenhang von Ehe (Mann und Frau) und Familie nicht nur aus religiösen und spirituellen Gründen, sondern aus humanen. Sie setzt sich dafür ein, dass andere Lebensformen, die aus verschiedenen Gründen vielfältiger geworden sind und gelebt werden, möglichst viele Anteile an Verlässlichkeit, Bindung, Wahrheit und Treue verwirklichen. Dazu brauchen wir neben der besonderen Wertschätzung der ‚Normal-' oder Kernfamilie eine ressourcenorientierte und nicht nur eine defizitorientierte Sicht. Viele Vorschläge zur anstehenden Bischofssynode zielen darauf, die bereichernden Werte und Schätze verlässlich gelebter Lebensformen aufzuzeigen und anzuerkennen.

Ich erhoffe mir von der Synode im Oktober eine positive Darstellung der sakramentalen Ehe in verständlicher Sprache. Dazu gehören auch die Ehevorbereitung, Ehebegleitung und der Beistand bei Problemen und in Zeiten der Krise. Doch diese Hochschätzung der Ehe muss nicht mit einer Geringachtung anderer Partnerschaftsformen einhergehen. Ich erhoffe mir

- einen ressourcenorientierten Blick auf alle Lebenssituationen, die nicht dem katholischen Bild der Familie entsprechen – ob durch Scheitern, Brüche oder in anderen Lebensformen;
- Wege zu einem Umgang mit wiederverheirateten Geschiedenen, der den differenzierten Situationen gerechter wird;
- einen differenzierten Blick auf Formen der Sexualität;

- Lebens- und Glaubenshilfen zur Verwirklichung verlässlicher Beziehungen und nicht nur Verbote und Normen; mehr Wertekommunikation als nur Wertevermittlung;
- einen pastoralen Umgang, der Wahrheit, Gerechtigkeit und Barmherzigkeit tiefer verbindet.

Zur Familienpolitik: Es ist eindeutig, dass die Ökonomie zu sehr zum Maßstab und zur Beherrscherin aller Lebensbereiche geworden ist bis hinein ins Denken und Fühlen. Stehen wirklich Menschen – Mütter, Väter, Kinder – im Zentrum der Entscheidungen? Bei allen Bemühungen um ein besseres Zueinander von Familie und Beruf kann es nicht sein,

- dass Erwerbsarbeit immer noch erheblich höher bewertet wird als Familienarbeit;
- dass sich dadurch eine Abgabementalität entwickelt, die Erziehung von Anfang an in andere als die elterlichen Hände legt, weil sie den wirtschaftlichen Abläufen lästig ist (man hat doch den Eindruck, dass die wirtschaftsdienlichste Lebensform der möglichst junge Single-Mann mit möglichst vielen Erfahrungen ist);
- dass es familienpolitisch weitgehend nur um materielle Hilfen und Anreize geht, so wichtig sie sind und so wenig ausreichend sie bisher sind. Wichtig ist ebenso eine inhaltliche und ideelle Stärkung der Familie und vor allen Dingen auch eines Klimas umfassender Kinderfreundlichkeit in unserer Gesellschaft. Familien mit mehr als zwei Kindern können Lieder davon singen. Auch die Kirche ist hier gefordert.

Es ist also mithin eine Frage der Sozialkultur, wie der Raum zwischen Staat und Privat kommunal, gemeinwohldienlich und netzwerkartig in Nachbarschaft und Gruppen generationensensibel, geschlechtersensibel und situationssensibel gestaltet wird. Es bleibt die gemeinsame Aufgabe von Politik, Staat, Kommune und von Kirche, hier verstärkt Verantwortung zu übernehmen, Verantwortung für den Grundbau unserer Gesellschaft, unseres Volkes, unseres Zusammenlebens mitten in den Herausforderungen der verschiedenen Kulturen und Lebenskulturen und einer sich unvermindert ausbreitenden Individualisierung und Pluralisierung, aber auch inmitten einer sich neu verstärkenden tiefen Sehnsucht nach Zugehörigkeit, verlässlichen Beziehungen und Geborgenheit.

Die Erfahrungen der Kirche – nicht nur spirituell, sondern auch sozial, beraterisch und karitativ – sind dabei nicht zu unterschätzen, Erfahrungen aus ihrer langen Begleitpraxis von Menschen und ihrer Wahrnehmung von Nöten, die sich aus den negativen Entwicklungen der vergangenen Jahrzehnte ergeben haben. Bei allem Vertrauensverlust, den die Kirche erlitten hat, kann sie in den Dialog mit allen politischen und gesellschaftlichen Gruppen mehr einbringen, als die öffentliche Meinung suggeriert. Das sage ich in demütigem Selbstbewusstsein und nüchterner Leidenschaft, weil ich davon überzeugt bin, dass sich das Christliche mit seinem Glauben an die Gottesebenbildlichkeit des Menschen und an die Menschwerdung Gottes einzubringen hat zum echten Humanum. Nicht ideologisch, sondern an konkreten Erfahrungsorten der Beratung und Begleitung und aus dem Glauben an einen Gott heraus, der immer größer und anders ist, aber immer den Menschen zugeneigt und Gemeinschaft stiftend. Lassen Sie uns gemeinsam die positiven Kräfte der Gesellschaft vermehren zu einem tragfähigen Bündnis für Ehe und Familie im Zusammenspiel mit anderen Lebensformen!

Erzbischof Dr. Heiner Koch

Hier beginnt Zukunft – Herausforderungen

1. Die Wirklichkeit

Die Lebenswirklichkeiten Ehe und Familie gehören zu den zentralen Themen nicht nur im persönlichen Leben der Menschen, sondern gerade gegenwärtig auch in den öffentlichen gesellschaftlichen Diskussionen. In ihnen laufen oft sehr gegensätzliche Strömungen aufeinander zu: Zum einen möchten möglichst viele Beziehungsformen der Ehe gleichgesetzt oder als Ehe bezeichnet werden, zum anderen wird die besondere Bedeutung der Ehe politisch immer stärker nivelliert, wie etwa die Diskussion um das Ehegattensplitting zeigt, wenn den Eheleuten nicht einmal eine Besteuerung zugebilligt wird, wie sie in der Wirtschaft Personengesellschaften in Anspruch nehmen können. Zudem wird Ehe und Familie in den Schlagzeilen vor allem defizitär behandelt. Wie die Shell-Studie und das Generationenbarometer dagegen übereinstimmend feststellen, leben 75 Prozent aller Kinder in Deutschland bei ihren leiblichen Eltern, eine höhere Zahl als in sonstigen Epochen. 90 Prozent der Jugendlichen geben an, sie hätten ein gutes Verhältnis zu ihren Eltern und diese hätten genug Zeit für sie, 75 Prozent der Kinder und Jugendlichen würden ihre Kinder genauso erziehen, wie sie es bei ihren Eltern erlebt haben. Davon berichtet allerdings kaum jemand etwas.

2. Ehe nur damals?

Untersuchungen zeigen es jedenfalls – dem Titel dieses Aufsatzes hinsichtlich der Zukunft von Familie würden die weitaus meisten Menschen in Deutschland zustimmen. Die Ehe hingegen gilt vielen als historisch überlebtes Lebensmodell. Zumindest fragen sich viele – gerade auch junge Leute –, warum sie überhaupt heiraten sollen und insbesondere, was den Staat die persönliche Beziehung zweier sich liebender Menschen überhaupt angeht. Völlig unklar aber ist den meisten, was eine kirchliche, eine sakramentale Ehe eigentlich bedeutet. Wahrscheinlich haben sie schon einmal gehört, dass es bei einer kirchlich-sakramental geschlossenen Ehe keine Scheidung gibt und deshalb eine „Zweitehe" kirchlich nicht geschlossen werden kann. Vielleicht verbinden sie mit kirchlicher Ehe das besondere Bemühen um eine moralische Qualität. Dass die sakramentale Ehe aber etwas mit Berufung zu tun hat, dass sie ein Ort der Gegenwart Gottes ist und dass sie unter der Verheißung des Evangeliums steht, ist den meisten unbekannt. Als ich in Düsseldorf Studentenpfarrer war, kamen immer wieder junge Paare zu mir, die ich über lange Zeit begleiten durfte. Sie fragten mich, warum sie eigentlich kirchlich heiraten sollten. Das war für sie keine Frage der Moral, also kein Infragestellen von Verbindlichkeit und Treue. Ihnen war vielmehr der Sinn der Tradition und der Institution Ehe rätselhaft geworden. Beim Weltjugendtag in Köln gab es Gesprächsforen zum Thema „Ehe und Familie". Die meisten waren überfüllt, schließlich umfasst das Alter der Weltjugendtagsteilnehmer genau die Jahre, in denen sich die Frage nach einer dauerhaften Lebensgemeinschaft stellt. Dabei ging es immer wieder um Fragen nach Sinn und Begründung der staatlichen und der kirchlichen Ehe.

Wahrscheinlich spiegelt sich in diesen Fragen junger Menschen die gesellschaftliche Entwicklung in Deutschland wider. In Artikel 6, Absatz 1 unseres Grundgesetzes wird festgehalten, dass Ehe und Familie unter einem besonderen Schutz staatlicher Ordnung stehen. Faktisch wird dieser Artikel jedoch immer weiter ausgehöhlt etwa durch das Lebenspartnerschaftsgesetz und andere Verordnungen, die den besonderen Wert der Ehe relativieren. Damit einher geht das weit verbreitete politische Bemühen mancher Parteien, den besonderen juristischen Schutz und die besondere finanzielle Förderung der Ehe einzuschränken. Zwar ist auch die staatliche Eheschließung von ihrem Grundsatz her auf Dauer angelegt, die Scheidung ist jedoch leicht zu „händeln". Damit verkommt die Ehe zu einer beliebig oft zu wiederholenden Möglichkeit, was die Bedeutung der Ehe im Bewusstsein der Menschen immer mehr herabstuft.

Im Gegensatz zur Ehe ist Familie heute wieder in aller Munde. Allerdings stehen die vielen Reden über den Wert der Familie und die zahlreichen Bezeugungen ihrer Wertschätzung im deutlichen Kontrast zu ihrer faktischen Situation. In Deutschland sind inzwischen 37 % der Haushalte Einpersonenhaushalte. Nur noch 32 % der knapp 40 Millionen Haushalte in Deutschland sind solche mit Kindern, also nicht einmal ein Drittel!

3. Vom verlorenen Familiensinn

Es gibt viele Gründe für den Rückgang der Zahl der Familien und der Kinder. Einer ist sicherlich die strukturelle und dauerhafte finanzielle und soziale Benachteiligung der Familien in der Bundesrepublik Deutschland:

- Schon 1998 stellte das Bundesverfassungsgericht fest, dass verheirateten Eltern nicht einmal das verfassungsrechtliche Minimum der Steuergerechtigkeit zukommt. Eltern werden faktisch höher besteuert als Kinderlose. Ihre Unterhaltskosten werden zu gering veranschlagt. Deshalb hat das Gericht verlangt, den Erziehungsfreibetrag zu erhöhen, da Eltern andernfalls Steuern für Einkommen entrichten, über die sie tatsächlich gar nicht verfügen. Tatsächlich werden in Deutschland Eltern bestraft, wenn sie Kindern das Leben schenken und diese erziehen. Das Münchener Wirtschaftsforschungsinstitut IFO berichtet, dass in den Jahren 1990 bis 2002 der Staat verfassungswidrig 33 Milliarden Euro zu viel Steuern den Eltern abgenommen habe.

- Im April 2001 stellte das Bundesverfassungsgericht zudem fest, dass die gesetzliche Pflegeversicherung grundgesetzwidrig ist. Die Kinderlosen, so die Richter, profitieren von den Leistungen der Eltern. Sie müssten lediglich ihre Beiträge bezahlen, einen Betrag zum Erhalt des Bestandes der Beitragszahler aber leisten sie nicht. Deshalb müssten die Familien für ihre Leistungen entlastet werden. Eine Unterstützung der Familien ist von diesen Urteilen her also nicht eine Sozialhilfe, sondern ein Ausgleich für die erbrachten Leistungen, die Kinderlose nicht erbringen. Die bundesdeutschen Richter trugen der Politik auf, bis Ende 2004 eine Neuregelung zur Entlastung der Familien bei den Pflegebeiträgen umzusetzen. Auch die Renten- und Krankenversicherung müssten auf ihre Familiengerechtigkeit überprüft werden. Doch der Richterspruch wurde nicht erfüllt. Zwar wurden Kinderlose mit einem höheren Beitrag zur Pflegeversicherung belastet, Familien mit Kindern aber nicht entlastet.

- Auch mit jeder Mehrwertsteuererhöhung bestraft der Staat vor allem Familien, die ohnehin etwa durch die gestiegenen Energiekosten oder die Preiserhöhung für Nahrungsmittel besonders belastet sind. Der Wegfall der Eigenheimförderung trifft ebenso die Familien wie die Absenkung des Kindergeldanspruchs auf das 25. Lebensjahr. Seit 1965 hat sich die jährliche Geburtenzahl fast halbiert, der Anteil der Kinder in Armut ist jedoch um das 16fache gestiegen, obwohl die Müttererwerbstätigkeit um 60 % gewachsen ist. Das heißt: in immer mehr Familien müssen beide Eltern erwerbstätig sein, damit der Abstieg vieler Familien in die Armut verlangsamt wird.

- Dass die Erziehungsleistung der Eltern nicht angemessen wertgeschätzt wird, im Gegensatz dazu aber die Erwerbstätigkeit beider Eltern gefördert und erwartet wird. Dass also der Beruf der Hausfrau und Mutter beziehungsweise des Hausmanns und Vaters als beruflicher Mittelpunkt ihres Lebens gering geachtet wird, verdeutlichen zahlreiche politische Entscheidungen: so können Familienkosten für die Kinderbetreuung steuerlich nur abgezogen werden, wenn beide Elternteile erwerbstätig sind oder ein Elternteil alleinerziehend ist. Eine vergleichbare Entwicklung zeigt das seit 2007 geltende neue Elterngeld, es hat das vorhergegangene Erziehungsgeld abgelöst. Die Halbierung der Bezugsdauer auf ein Jahr und die Orientierung am vorhergehenden Einkommen unterstützen diejenigen mit höheren Einkommen, außerdem entsprechen sie dem Wunsche der Wirtschaft nach schnellerem Wiedereinstieg in die Arbeitswelt. Über die Hälfte der Eltern, die bisher noch das Elterngeld beantragt haben, sind schlechter gestellt als mit dem alten Erziehungsgeld. Zusammen mit dem Ausbau der Betreuungsangebote wird das Leitbild der erwerbstätigen Eltern etabliert. Das heißt, eine Alternative können sich in Zukunft nur noch reiche Eltern leisten.

4. Wahlfreiheit

Will man wirklich Wahlfreiheit zwischen der Inanspruchnahme einer Kindertagesstätte und einer häuslichen Erziehung? Dann müsste den Eltern ein allgemeiner, nach Einkommen gestaffelter Betrag zur Verfügung gestellt werden, mit dem sie selbst entscheiden können, ob sie ihr Kind zu Hause erziehen (und dabei das Geld als Ausgleich für ihr fehlendes Einkommen bei der Eigenbetreuung ansehen) oder ob sie das Geld für eine externe Betreuung einsetzen wollen. Mehr als Zweidrittel der Frauen in Deutschland würden es vorziehen, ihr Kind in den ersten drei Jahren zu Haus zu erziehen, wenn man ihnen das Geld zur Verfügung stellen würde, das ein Krippenplatz kostet (zwischen 700 und 1.300 Euro pro Monat). Genau diese Wahl der Eltern aber will der Staat offensichtlich verhindern, weshalb er die Eltern, die ihre Kinder zu Hause erziehen wollen, dermaßen finanziell benachteiligt, dass faktisch nur Besserverdienende sich entscheiden können, ihr Kind nicht einer Erziehungseinrichtung zu übergeben. Misstraut der Staat den Eltern?

Als „ausgleichende Gerechtigkeit" für die geleistete Familienarbeit wären beispielsweise folgende Forderungen zu bedenken:

Ein Extraurlaub für Familien, die volle Absetzbarkeit der Kinderbetreuung von der Steuer oder die Forderung, dass auf Kinderprodukte nur ein ermäßigter Mehrwertsteuersatz gelegt wird und sie nicht doppelt so hoch versteuert werden wie Hundefutter, wie dies heute in Deutschland tatsächlich der Fall ist. Ist es undenkbar, dass Eltern ein Jahr früher pro Kind, das sie erzogen haben, ohne Rentenkürzung in die Rente eintreten dürfen? Wäre es nicht sinnvoll, bei Ärzten und Behörden Familientage einzuführen, an denen Familien bevorzugt und schnell behandelt werden?

Noch drei Hinweise in Bezug auf die Wertschätzung der Familie in unserer Gesellschaft: Um heute eine Rente in Höhe des Sozialniveaus zu bekommen, müsste eine Mutter, die nicht erwerbstätig ist, zwei Dutzend Kinder gebären. In den Jahren 1980 bis 2002 ist das verfügbare Pro-Kopf-Einkommen der Familien um 191 % in Deutschland gestiegen, das der Singles um 395 %. Ein letzter Nachweis, der nachdenklich stimmt: der deutsche Kinderschutzbund zählt 50.000 Mitglieder, der Deutsche Tierschutzbund 800.000 Mitglieder.

5. Verheißen statt verheizen

Nichtsdestoweniger besteht die Sehnsucht nach verlässlichen menschlichen Beziehungen – und zwar gerade in Ehe und Familie. Trotz vieler Schwierigkeiten erklärt sich so auch die hohe Wertschätzung der Familie bei jungen Menschen, wie sie die Shell-Studie mit ihren Untersuchungen über das Werteverhalten junger Menschen in Deutschland zeigt. Junge Menschen halten an der Treue in der ehelichen Beziehung und an der Verbindlichkeit zum Wohl der Kinder fest. Sie haben aber zugleich auch Angst, diese hohen Erwartungen nicht erfüllen zu können. Um ihren Partner beziehungsweise ihre Partnerin nicht zu enttäuschen, scheuen sie sich, eine im Herzen doch ersehnte Bindung in der Ehe tatsächlich einzugehen.

Vielleicht aber sind gerade diese Sehnsüchte nach verlässlichen und verbindlichen Beziehungen in Ehe und in Familie und die Sorge, den hohen Erwartungen einer solchen Lebensform nicht gerecht zu werden, ein guter Ansatzpunkt zur Verkündigung und zur Begründung des Sakramentes der Ehe:

- In der Ehe entschließen sich zwei Menschen, gemeinsam ihren Lebensweg zu gehen. Sie fällen diese Entscheidung nach reiflicher Überlegung. Größer kann ein Mensch seine Freiheit nicht ausschöpfen, als sich in Freiheit ein Leben lang zu binden.

- Im Sakrament der Ehe binden sich zwei Menschen in Freiheit für einen gemeinsamen Lebensweg. Liebe ist auf Wachstum ausgerichtet. Wachstum aber braucht Zeit, Geduld und Ausdauer. Das Wachsen braucht den langen Atem. Die Ehe bedeutet ein Miteinander-Reifen in der Liebe, die sich auf diesem Weg bewährt und bewahrheitet. Einen Menschen zu lieben bedeutet immer, miteinander lieben zu lernen. In der größten Tiefe braucht dieser Weg ein Leben lang Zeit und Treue.

- Die christliche Ehe ist Abbild des Dreifaltigen Gottes. Schon unsere menschliche Erfahrung sagt: wo

Menschen lieben und geliebt werden, da entfalten sie Leben. Ein Kind beispielsweise, das nicht geliebt wird, verkümmert seelisch und kann seine Anlagen nicht entfalten. Entfaltung des Lebens und der Liebe gehören untrennbar zusammen, sie bedingen einander.

Wenn wir bekennen, dass Gott das unendliche Leben ist, dann bedeutet dies: Gott ist unendliche Liebe, ja, Gott ist die Liebe. Deshalb ist Gott kein in sich geschlossener Block, sondern Beziehung. Vater und Sohn, schon die Namen der ersten beiden Personen der göttlichen Dreifaltigkeit sind Beziehungsworte: Einen Vater gibt es nur im Hinblick auf Kinder, einen Sohn nur im Hinblick auf Eltern. Liebe aber bringt stets Frucht hervor. Die Menschen erfahren dies in direkter Weise in ihren Kindern, die die Frucht der Liebe ihrer Eltern sind. So bringt auch die Liebe zwischen dem göttlichen Vater und seinem Sohn eine „Frucht" hervor: Gottes Geist, „der aus dem Vater und dem Sohn hervorgeht", wie es im Glaubensbekenntnis heißt. In dieser Liebe ohne Einschränkung ist die Beziehung zwischen Gottvater und Sohn und Heiligem Geist so eng, so voller Liebe, dass die drei eins sind. Sie sind aber auch so liebevoll, dass sie diese Liebe weiterschenken und diese ausströmt in die Schöpfung, in die Kirche, in die Ehe, in die Familie. Das Sakrament der Ehe wird damit also in die göttliche Liebe hineingenommen und fließt gleichsam aus ihr heraus. Sie ist Abbild der Liebe des Dreifaltigen Gottes zu seiner Kirche, die Er trägt, belebt und heiligt: „Der Mann wird seinen Vater und seine Mutter verlassen und sich an seine Frau binden und die Zwei werden ein Fleisch sein. Dieses Geheimnis ist groß; ich beziehe es auf Christus und die Kirche" (Eph 5,31-32).

- Die Ehe ist auch ein Hinweis auf das himmlische Hochzeitsmahl, auf die Vollendung aller Menschen in der Liebe Gottes. „Lasst uns jubeln und fröhlich sein und IHM die Ehre geben; denn die Hochzeit des Lammes ist gekommen, und seine Frau hat sich bereit gemacht" (Offb 19,7).
- In diesem Verständnis ist kirchliche Ehe ein Zeugnis des Glaubens. Sie ist missionarische Wirklichkeit: gesandt aus der Kraft des Sakraments als Zeuge Gottes und des Glaubens in dieser Welt. Christliche Ehe in unserer heutigen Gesellschaft zu leben, ist zutiefst ein Glaubenszeugnis!
- Die Ehe lebt von dem Vertrauen, dass Gott mit uns geht. Wenn zwei Menschen in ihrer Liebe vor Gott zum Altar treten, so trauen sie sich nicht selbst alles zu, sondern vertrauen sich Gott an. Nur so ist die Ehe auch keine ständige Überforderung eigener Leistungsfähigkeit, sondern immer auch neues, gemeinsames Wagnis des Gottvertrauens.
- Die Liebe gibt dem anderen ein Zuhause. Sie ist also auch in der Lage, den Kindern, die aus der Ehe hervorgehen, ein Zuhause zu sein. Aber auch andere Menschen, denen die Eheleute auf ihrem Lebensweg begegnen, finden in der christlichen Familie eine Herberge der Gastfreundschaft.
- So ist die Familie ein Lernort des Glaubens. Wie der Mensch lernt, in der Ehe zu leben, so lernt er, in der Familie zu glauben, das heißt auch, einander im Unglauben zu stützen und als Gemeinschaft des Gebets, eine christliche Hauskirche zu bilden.

HIER BEGINNT ZUKUNFT –

6. Liebend finden, findend lieben
(Anselm von Canterbury)

Weil christliche Ehe und Familie unter der Verheißung des Evangeliums stehen und als Sakrament Ort der Gegenwart Gottes sind und weil sie so grundlegend für das Gelingen menschlichen Lebens sind, gebührt ihnen auch größtmögliche Unterstützung der Kirche, damit christliche Ehe und Familie heute gut und glaubwürdig gelebt werden können:

- Die Wirklichkeit der Ehe braucht ihren Platz in der kirchlichen Verkündigung der Sonntagsmesse; in der Jugendseelsorge und der Jugendarbeit genauso wie im Religionsunterricht, und in der Schulseelsorge müsste der Lebensbereich Ehe und Familie schon früh thematisiert werden. Es ist nicht erstaunlich, dass kirchliche Eheschließungen ähnlich drastisch zurückgehen wie die Berufungen zum Priester- und Ordensberuf. Beides deutet hin auf ein spirituelles Defizit bei uns Christen und in unseren Gemeinden und Gemeinschaften. Wer seinen Lebensweg nicht als Berufung sieht, die ihm von Gott zuteil wird, wird auch die Ehe nicht als Berufung sehen, ebenso wenig wird kaum jemand seine Berufung im Priester- oder Ordensberuf finden.
- Die Vorbereitung junger Paare auf die Eheschließung muss intensiviert werden. Es kann nicht sein, dass die Kirche von denen, die sich auf die Priesterweihe vorbereiten, eine jahrelange Vorbereitungszeit fordert, während die Vorbereitung zum Sakrament der Ehe oft nur aus einem Gespräch von manchmal nicht einmal 30 Minuten

mit dem Priester oder Diakon besteht. Eine unzureichende Vorbereitung kann durchaus auch ein Grund für eine spätere Scheidung sein. Es liegen inzwischen gute Konzepte für die Ehevorbereitung in den Pfarreien und Seelsorgebereichen vor, in denen junge und ältere Paare ebenso wie Priester und andere Seelsorger die Menschen auf die Ehe vorbereiten. Angesichts der heute gegebenen Glaubenssituation müssen in dieser Ehevorbereitung Grundfragen des Glaubens behandelt werden. Wie sollen sonst junge Paare fähig werden, eine personale Beziehung zu Jesus Christus im Sakrament der Ehe einzugehen?

- Zum Gelingen einer kirchlichen Ehe und Familie gehört auch die Weiterbildung. Ehepaaren muss Hilfe angeboten werden, um Konflikte gemeinsam zu bewältigen und zu lernen, was Elternpflichten sind.

- Ins Zentrum der Familienseelsorge gehören die Familiengottesdienste. Eigentlich sollte jeder Gottesdienst einer Gemeinde auf die Familie ausgerichtet sein. Spezifische Gottesdienste für junge Familien mit Kindern und Kleinkindern haben sicherlich ihren Sinn. Es ist aber wichtig, dass Familiengottesdienste keine liturgischen Ghettos sind, sondern dass junge Familien mit ihren Kindern zur allgemeinen Liturgie der Kirche hingeführt werden, in der die Familien und Kinder besonders angesprochen werden können.

- Zur Unterstützung von Ehe und Familie gehören auch geistliche Angebote wie etwa Familienwallfahrten oder Familienexerzitien.

- Das Miteinander von Ehepaaren und Familien, etwa in Familienkreisen, kann stärkende und stabilisierende Bedeutung haben. Das Auf-sich-allein-gestellt-Sein vieler Paare kann ein Grund der Überforderung und letztlich des Scheiterns einer Ehe sein.

- Angesichts der Not nicht weniger Familien und wachsender Kinderarmut ist es unabdingbar, dass die Familienhilfe und Familienpflege erhalten bleiben, um gerade Familien in Notsituationen ein Netz der Hilfe anbieten zu können. Gemäß einer Unicef-Studie hat sich die Kinderarmut in den alten Bundesländern seit 1998 mehr als verdoppelt, von 4,5 auf 9,8 %.

- Zur Familie gehören nicht nur die jungen Paare mit Kindern, sondern auch ältere Menschen. Die christliche Familie umfasst mehrere Generationen. Darum ist es wichtig, in der Familienseelsorge auch Großeltern anzusprechen. Gerade sie können für das religiöse Leben der Enkel von großer Wichtigkeit sein.

- Eine besondere Chance bieten Familienzentren, die Kinder und Familien unterstützen etwa in der religiösen Erziehung, in der Sprachförderung, im Vermitteln von Tagespflege, im Bereitstellen von Informationen über Kinderbetreuung oder im Bildungsbereich. Die Vielfalt kirchlicher Hilfen für Familien kann in diesen Zentren gezielt wie differenziert angeboten werden.

7. Der Herr ist treu; er wird euch Kraft geben (2 Thess 3,3)

In der französischen Revolution hatten die Jakobiner den Traum, die Familie als Grundlage des Staates durch die Flüchtigkeit von Beziehungen zu ersetzen.

Wie viel menschliches Elend hat dieser Gedanke noch in die sogenannte 68er-Revolution samt ihren Folgen gebracht. In welchem Gegensatz stehen dazu die Verheißungen der Heiligen Schrift: Im ersten Kapitel der Bibel wird uns die Erschaffung des Mannes und der Frau nach dem Bild Gottes überliefert. Die Heilige Schrift schließt mit der Vision der „Hochzeit des Lammes" (Offb 19,7). Immer wieder spricht die Heilige Schrift von der Ehe als Mysterium, von dem Sinn, den Gott der Ehe geschenkt hat, von ihrem Ursprung und Ziel. Das Zweite Vatikanische Konzil bekennt in seiner Konstitution „Gaudium et Spes": „Die innige Gemeinschaft des Lebens und der Liebe in der Ehe wurde vom Schöpfer begründet und mit eigenen Gesetzen geschützt. Gott ist selbst Urheber der Ehe" (GS 48,1). Die Ehe „ist ein wirksames Zeichen der Gegenwart Christi" heißt es im Katholischen Katechismus der Kirche in Kapitel 16. Sie bezeugt die Treue Gottes zu seiner Kirche und zu den Menschen. „Was Gott verbunden hat, das darf der Mensch nicht trennen" (Mt 19,6).

Papst Franziskus hat für die Jahre 2014 und 2015 zu einer Bischofssynode unter dem Thema „Die pastoralen Herausforderungen an die Familie im Kontext der Evangelisierung" nach Rom eingeladen. Nicht nur auf diese Ereignisse hin werden auch in der katholischen Kirche Deutschlands die Fragen dieses Lebensbereichs leidenschaftlich diskutiert. Dabei stehen bei der öffentlichen kirchlichen Diskussion Fragen des Scheiterns kirchlicher Ehen, Fragen der Annullierung von Ehen und Fragen des Umgangs mit wiederverheiratet Geschiedenen im Mittelpunkt der Erörterungen. Die Botschaft von der Würde, der Größe und der Kraft des kirchlichen Ehesakraments und des Lebens in diesem Sakrament in Freude aus dem Glauben heraus bleiben dahinter oft verdunkelt. Eine motivierende Wirkung kann diese so akzentuierte Diskussion gerade auf junge Leute kaum auslösen. Der weltweite Austausch von Glaubenszeugnissen und Lebenserfahrungen in Ehe und Familie auf den bevorstehenden Synoden könnte der katholischen Kirche in Deutschland helfen, die Frohe Botschaft vom Sakrament der Ehe wieder neu entdecken, wahrnehmen und mitteilen zu lernen.

Bischof Dr. Franz-Josef Bode

EHE UND FAMILIE STÄRKEN

„Die Rettung des Menschengeschlechtes fängt bei der Familie an, bei der Ehe, bei der Hochzeit. Also nicht in Volksversammlungen und auf dem öffentlichen Markt der Welt, sondern am häuslichen Herde, nicht in den Hörsälen der Weltweisen, nicht in den Werkstätten des Künstlers, nicht in der Arbeitsstube des geistreichen Erfinders, nicht im militärischen Lager, nicht in der Wortschlacht der öffentlichen Debatte, am allerwenigsten in der Hetz- und Treibjagd der Presse... Solange nicht das Familienleben der übrigen Gesellschaft Würde und Halt gibt, den Geist erweckt, in dem eure Gesetze erst Leben empfangen, werdet ihr Wasser in einem Sieb tragen."[1]

Wasser in einem Sieb tragen. So wie Adolf Kolping es hier ausdrückt, so kommen sich heute auch viele vor, die sich für Ehe und Familie einsetzen. Und dennoch dürfen wir diesen Einsatz nicht aufgeben. Im Gegenteil: Wir müssen uns gegenseitig und auch andere dazu immer wieder ermutigen – und der Familienbund bietet dafür gute Strukturen in Kirche, Gesellschaft und Politik.

Denn die Sehnsucht nach Familie ist auch in der heutigen Zeit und gerade bei jungen Leuten ungebrochen, trotz aller inneren und äußeren Bedrohungen. Ich nenne nur die Veränderungen im Familienbild und die Entwicklungen beim verfassungsmäßig ga-

---

[1] Adolf Kolping, zitiert nach: Victor Conzemius, Propheten und Vorläufer. Wegbereiter des neuzeitlichen Katholizismus, Zürich/Einsiedeln/Köln 1972, S. 122 f.

rantierten Schutz von Ehe und Familie. Die Sehnsucht nach verlässlichen Beziehungen ist groß, weil sie als Lebensraum unabdingbar sind in der Spannung von bergen und loslassen.

Die innere Verbindung von Ehe und Familie muss wichtig bleiben, ohne dass wir all die verschiedenen Familienformen – bis hin zu der sehr offenen Definition: Familie ist da, wo Kinder sind – aus dem Blick verlören. Die Ehe im katholischen Sinn als verbindliche Lebensform einer humanen, christlichen und kirchlichen Keimzelle birgt enorme Kraft für eine gute Familie. Deshalb können wir etwa gleichgeschlechtliche Beziehungen bei aller Wertschätzung der Personen und aller Abwehr von Diskriminierungen nicht mit der Ehe in diesem humanen und sakramentalen Sinn gleichsetzen. Professor Andreas Hüdepohl spricht von der sakramentalen Ehe als einem „Lebensstil zuverlässiger Weggemeinschaft", einer ecclesiola, einer Kirche im Kleinen, einem Sakrament, das wir immer zu Hause haben.

Deshalb muss alles getan werden, Ehe und Familie politisch-staatlich und kirchlich, kulturell und gesellschaftlich zu stärken, zu lebenslanger Beziehung zu ermutigen und ebenso zu Erziehung. Dazu tragen eine gute Jugendarbeit und die Einübung in Partnerschaft bei. Dazu tragen auch unsere Kindergärten als „Häuser für Familien und Kinder" bei. Im Bistum Osnabrück haben wir inzwischen an die 300 Gruppen mit Kindern von unter einem bis drei Jahren. Viele Kindertagesstätten mussten dafür erweitert werden. Dieses Angebot zielt nicht darauf, Familienersatz zu sein, sondern darauf, Familien zu stützen und vor allem zur Erziehung zu ermutigen durch niederschwellige Beratung und in echter Partnerschaft mit den Eltern (Erziehungspartnerschaft). Das erfordert für den Kindergarten und die Erzieherinnen neue Leit- und Berufsbilder, was wiederum Konsequenzen für die Ausbildung hat. [...]

Verschiedene Lernorte des Lebens und des Glaubens können ein gutes Netzwerk ergeben zu Halt und Stütze. So sehe ich den Familienbund denn auch politisch, gesellschaftlich und kulturell als Bündnis für Ehe und Familie. Dabei ist die beste Werbung für diese Lebensform die gute Ehe selbst. Bischof Wanke hat einmal gesagt:

„Ich kenne Ehen, die diese Bindung auf Freiheit hin überzeugend leben. Sie sind die beste Werbung dafür, dass Ehe auch heute noch faszinierend ist: ‚Wenn es die geschafft haben – warum soll es nicht auch mit uns gut gehen?‘ Paare, die so miteinander leben, haben eine ganz eigene Ausstrahlung auf ihre Umgebung. Es ist einfach schön, sie zu erleben und ihre Gelassenheit, Ausgeglichenheit und Kraft zu spüren. ‚Du kannst dich auf mich verlassen!‘ ‚Du wirst mir niemals gleichgültig sein!‘ ‚Ich halte zu dir in guten und in bösen Tagen!‘ Solche Worte braucht eigentlich jeder, um leben zu können.“[2]

Dazu bedarf es der Familienkatechese, einer Familienspiritualität und in zunehmendem Maß auch der Be-

---

[2] Bischof Joachim Wanke, Erfurt, Ehe wagen –Ein Plädoyer für das Ehesakrament, in: Sekretariat der Deutschen Bischofskonferenz (Hg.), Leben in Verlässlichkeit – Leben in Ehe und Familie, Arbeitshilfe 176 (2003), S. 18-19.

gleitung durch die professionellen Ehe-, Familien- und Lebensberatungsstellen. Freilich dürfen wir zugleich keine Mühe scheuen – sei es theologisch, spirituell, pastoral oder human –, um in Krisen und Scheitern so viel Hilfe wie möglich zu geben. In Osnabrück haben wir Gruppen und Gottesdienste für Getrennte, Gescheiterte, Geschiedene, in zerbrochenen Beziehungen Lebende. Wir dürfen nie vergessen: Auch die Ehe ist ein „Schatz in zerbrechlichen Gefäßen" (vgl. 2 Kor 4,7).

Bischof Dr. Franz-Josef Bode

OHNE NETZ UND DOPPELTEN BODEN – ANGEBOTE UND PERSPEKTIVEN

Keine Frage: Es tut gut, in den Hafen der Ehe einzulaufen. Nach Jahren des Suchens, des Umherirrens und Experimentierens endlich anzukommen bei Verlässlichkeit, Sicherheit, Ruhe. Doch Seeleute und Schiffe sind nicht zuerst für den Hafen bestimmt. Auch Eheleute nicht, die in einem Boot sitzen. Die Heirat ist der Beginn eines großen Abenteuers, ist der gemeinsame Aufbruch in eine neue Weite des Lebens. Und diese gemeinsame Zukunft ohne Netz und doppelten Boden birgt ein großes Entzücken in sich, auch wenn der Alltag nicht immer rosig ist und das Glück zuweilen Pause macht.

Doch was, wenn die Ehe zum Drahtseilakt wird? Wenn es nicht leicht ist, im Miteinander die Balance zu halten, wenn das Seil durch die Wucht äußerer Widerstände und Belastungen oder Phasen inneren Zweifels bedrohlich schlingert? Auch darauf lassen sich erfreulich viele ein, nehmen die Herausforderungen an in bester Absicht, im Vertrauen auf Verlässlichkeit und gegenseitige Treue. Und sie machen oft gute, tragfähige, hoffnungsvolle Erfahrungen in den Wirrungen der Liebe, im Laufe der Geschichte eines gemeinsamen Weges voller Wandlungen.

Freilich führt dieser Weg zuweilen auch an die Grenzen der Belastbarkeit – und über diese Grenzen hinaus bis hin zur Katastrophe des Scheiterns, bis zum Bruch. Er bedeutet zumeist unsägliches Leid für die Betroffenen und deren Familien. Was sie dann ganz sicher nicht brauchen, sind Leute, die von außen auch noch mit Steinen werfen (vgl. Joh 8,7). Sie brauchen Herzen von Fleisch und nicht von Stein (vgl. Ez 11,19), die sich ihnen zuneigen. Seid warmherzig, sagt Jesus, „seid barmherzig, wie es auch euer Vater im Himmel ist! Richtet nicht" (Lk 6,36 f.). Deshalb muss Kirche gerade in solchen überaus kritischen Situationen des Lebens den Menschen nahe sein, da sein. Deshalb muss sie mit den Leidenden Wege suchen, die geprägt sind von Verlässlichkeit, Treue, Recht, aber ebenso von Barmherzigkeit und Ermutigung zu einem Neuanfang.

Es gibt viele solcher Angebote für Menschen in Ehekrisen. Es gibt die Angebote, die den Gescheiterten deutlich machen wollen, dass sie auch nach dem Tod ihrer Beziehung für die Kirche nicht gestorben sind. Kirchliche Ehebegleitung, insbesondere die Ehe-, Familien- und Lebensberatung, Unterstützung für Alleinerziehende und nicht zuletzt verschiedene Formen des seelsorgerlichen Gesprächs gehören dazu. Und doch ist ein neues Ringen nötig um eine gute Ehepastoral und um positive Wege mit der Kirche für wiederverheiratet Geschiedene. Alle, die sich mit ihrer Fachlichkeit, ihrer Menschlichkeit und ihrem Engagement dieser Aufgabe stellen, verdienen Dank. Denn die Kirche ist das pilgernde Volk Gottes, das gerade die suchenden und orientierungslosen Menschen einlädt mitzuziehen, statt sie auszugrenzen. Papst Franziskus hat unlängst in einem vielbeachteten Interview gesagt: „Gott ist im Leben jeder Person. Gott ist im Leben jedes Menschen. Auch wenn das Leben eines Menschen eine Katastrophe war...: Gott ist in seinem Leben. Man kann und muss ihn in jedem menschlichen Leben suchen. Auch wenn das Leben einer Person ein

Land voller Dornen und Unkraut ist, so ist doch immer ein Platz, auf dem der gute Same wachsen kann. Man muss auf Gott vertrauen."[1] – Seelsorge verdient ihren Namen dann, wenn sie von diesem Geist getragen ist.

---

[1] Interview mit Antonio Spadaro, deutsche Übersetzung publiziert in Stimmen der Zeit am 25.09.2013 .

Erzbischof Dr. Heiner Koch

Trauen Sie sich!
Zehn gute Gründe für die Ehe

Einführung in die Denkanstöße
der Deutschen Bischofskonferenz

Eine Bischofssynode wie die in Rom stattfindende zum Thema „Die pastoralen Herausforderungen für die Familie im Rahmen der Evangelisierung" setzt, will sie wirklich zu weitreichenden, tiefen und kreativen Überlegungen und Weisungen kommen, voraus, dass die Synodenteilnehmer sehr offen aufeinander hören und einander mit ihren unterschiedlichen Überzeugungen sich als Bereicherung und Anregung annehmen und nicht als Bedrohung in einem Machtkampf.

Manche Medien haben aber scheinbar ein vitales Interesse an angeblichen Machtkämpfen, die auf der Synode zu erwarten seien. Wahrscheinlich liegen vernichtende Kommentare über gewisse Ergebnisse der Synode und über entsprechende Aussagen von Papst Franziskus im Anschluss an die Synode schon längst bereit, entweder sie seien lebensfern oder sie seien theologisch unvertretbar, auf jeden Fall seien sie unbrauchbar.

Dies gilt nicht zuletzt für das so heiß diskutierte Thema der Zulassung von wiederverheirateten Geschiedenen zur Kommunion. So wichtig ich diese Frage allein schon aus pastoralen Gründen halte und so sehr ich unterstütze, dass der Familienbund der deutschen Katholiken zu dieser Frage sich äußert, so seltsam und paradox erscheint mir doch die gegenwärtige Fokussierung auf diese Frage zu sein:

- Über die Scheidung und Wiederverheiratung soll geredet werden, aber keiner fordert Aussagen über die Bewahrung der Ehe.
- Der Kommunionempfang wird gefordert, aber immer weniger Katholiken gehen zur Eucharistie. Die sakramentale Anbetung spielt eine immer geringere Rolle.
- Wiederverheiratung soll ermöglicht werden, aber die Zahl der Paare, die nach der Scheidung nicht wiederverheiratet zusammenleben, wächst ständig.
- Wir streiten um ein innerkirchlich zweifelsohne bedeutsames Thema, aber gesellschaftlich relevant sind andere Themen: Die Ausgrenzung kinderreicher Familien, die Sorge um Migrantenfamilien, die demographische Entwicklung, Familienarmut, Sterben und Sterbehilfe in der Familie, Leihmutterschaft...
- Eine Entscheidung durch die Autorität der Kirche wird verlangt, aber angeblich hört auf sie keiner mehr.
- Jeder kennt Franziskus, aber keiner bringt seine differenzierten Aussagen zusammen.

Vor allem aber stellen sich nur wenige dem Thema der Synode, nämlich den pastoralen Herausforderungen der Familie im Rahmen der Evangelisierung. Kaum einer spricht über die Verantwortung, die Chancen und die Förderung der Familie als dem Ort der Evangelisierung. Wie sollen Kinder in unseren Familien in den

Glauben eingeführt werden, wenn die Schweigespirale des Glaubens in unseren Familien so hoch ist und die meisten Familien nur punktuelle Kontakte zur Kirche halten? Oder wie soll dies geschehen, wenn ein Elternteil gläubig ist und der andere ungläubig und folglich um des Friedens in der Ehe willen die Weitergabe des Glaubens ausgeklammert wird.

Sicher, das Thema „wiederverheiratet Geschiedene" ist für unsere Kirche ein bedeutsames Problem. Nicht nur für die persönlich Betroffenen. An diesem Thema machen sich viele Hintergrundthemen fest: kirchliche Autorität, persönliche Selbstbestimmung, Spannung von Ordnung und Freiheit oder kirchliche Machtanmaßung.

Die Sorge um die wiederverheiratet Geschiedenen ist auch relevant für die Verkündigung und die Annahme der Verkündigung der Kirche und der Gesellschaft. Denn trotz aller Versuche, ihre Haltung verständlich zu machen, gilt die Kirche gerade wegen ihrer Positionierung in dieser Frage als unbarmherzig und unglaubwürdig. Diese Bewertung erschwert es, Menschen für den Lebensweg einer christlichen Ehe und Familie zu begeistern. Gerade dies wäre aber notwendig, denn niemand – wenn er mit einem anderen Menschen zusammenleben will – muss heute mehr heiraten oder eine Familie gründen, geschweige denn muss jemand kirchlich heiraten. Als ich Studentenpfarrer war, kamen immer wieder junge Paare auf mich zu und fragten: „Können Sie uns einmal erklären, warum wir heiraten und warum wir kirchlich heiraten sollen?" Diesen Fragen sehen sich in den sogenannten Neuen Bundesländern gerade junge christliche Brautpaare ausgesetzt: Bei 80 Prozent Ungetauften in Ostdeutschland löst eine kirchliche Trauung schon Erstaunen aus: „Was soll denn das? Habt ihr das denn nötig?"

Auf dem Hintergrund dieser Ausgangslage hat die Kommission Ehe und Familie der Deutschen Bischofskonferenz mit Eheleuten, Beraterinnen, Beratern, Theologen und Journalisten ein Faltblatt entworfen: „Trauen Sie sich! Zehn gute Gründe für die Ehe. Ein Denkanstoß der katholischen Kirche!", das ich heute vor Ihnen zum ersten Mal in die Öffentlichkeit bringen möchte, und anhand der zehn Gründe auch die gestellte Frage nach dem kirchlichen Anspruch an ein Familienbild des katholischen Familienbundes ansatzweise beantworten will. Dieser Flyer erhebt nicht den Anspruch, umfassend zu sein und alle theologischen Aspekte und lebensrelevanten Fragen aufgreifen, geschweige denn beantworten zu wollen. Er will zum Gespräch einladen, ist eine Anregung zur Überlegung und zur Auseinandersetzung und soll ein Element des Kommunikationsprozess in Deutschland zwischen den beiden Bischofssynoden zum Thema Ehe und Familie in den Jahren 2014 und 2015 sein.

Grundsätzlich scheint es sehr schwierig zu sein, von einem Familienleitbild zu sprechen. Nur wenn man das Wort „Leitbild" schon erwähnt, werden Proteste gegen die Diskriminierung anderer Lebensformen, Hinweise auf die Pluralität der Lebenssituationen, Vorwürfe des Konservatismus, der Lebensferne, des Ewig-Gestrigen lauthals erhoben werden. Es gibt eine Gereiztheit gegenüber Leitbildern. Alles ist gleich, gleichgültig und gleichwertig. Frau Ministerin von der Leyen hat einmal versucht, ein Erziehungsleitbild im Rahmen der Kindertagesstätten zu erarbeiten. Nach ihrer Ankündigung ist allein schon die Einladung zu einer Erörterung dieser Frage in der untersten Schublade von Frau von der Leyen vergraben worden.

Erst recht wird ein kirchlicher Anspruch von vornherein skeptisch, ablehnend, aggressiv abgewehrt werden. Zur Diskussion wird dann schnell nicht das Leitbild, sondern der autoritäre, anmaßende, dogmatische, unmenschliche Anspruch der Kirche stehen. Andererseits braucht es gerade in einer pluralen Gesellschaft solche Leitbilder, in denen verschiedene Lebensmöglichkeiten klar formuliert und vorgestellt werden, damit auch eine differenzierte Diskussion und schließlich eine bewusste Wahl der Menschen zwischen verschiedenen Leitbildern möglich ist. Als solche Einladung zur Auseinandersetzung und zur Selbstbestimmung sollen die zehn Thesen vom katholischen Eheverständnis und meine Überlegungen zum kirchlichen Anspruch vom Familienleitbild für den Familienbund der Katholiken dienen.

1. Jeder Mensch sehnt sich nach Liebe

Der Mensch sehnt sich danach, geliebt zu werden und Liebe zu schenken. Er ist auf ein „Du" hin geschaffen. Liebe braucht keine Begründung. Sie ist mehr als knisternde Erotik oder belastende Verpflichtung. Liebe ist das umfassende und bedingungslose Ja zu einem anderen Menschen – um seiner selbst willen, ohne Hintergedanken und Vorbehalte.

Natürlich ist Ehe und Familie ein Themenfeld, dessen kulturelle, geschichtliche, wirtschaftliche, theologische, soziale und individuelle Dimension sachlich behandelt werden kann.

Aber: Jede und jeder, der darüber spricht, spricht immer auch von sich und seinen Erfahrungen, seinem Glück und seinem Verletztsein, seinem Gelingen und seinem Scheitern, seinen Sehnsüchten und seinem Leid.

Deshalb haben die Diskussionen über dieses Themenfeld schnell einen oft hoch emotionalen Charakter und sind oft geprägt von Sich-angegriffen-fühlen und Sich-verteidigen-müssen.

Beim Thema Ehe und Familie ist immer vom Menschen die Rede. Der Mensch aber ist Beziehung. „Alles Leben ist Begegnung" (Martin Buber). Damit ist jedes Sprechen über Liebe, Ehe und Familie immer ein Sprechen in ein Geheimnis hinein. Es kann nicht abschließend sachlich und fest definiert verlaufen.

Reden über Ehe und Familie braucht die Sprache der Behutsamkeit. Reden über Ehe und Familie braucht die Sprache der Achtsamkeit. Juristische und politische Sprache kommen da an ihre Grenze. Ein Leitbild des Familienbundes müsste im Gedankengang, in der Sprache, in seinen Bildern bei aller Klarheit und Herausforderung in seinem Gedankengang und in seiner Formulierung behutsam, manchmal vielleicht sogar ein wenig von Poesie und Bildern erfüllt sein.

2. Wahre Liebe will Dauer

Liebe erschöpft sich nicht im Zauber des Augenblicks. Sie setzt keine zeitliche Grenze und hat kein Verfallsdatum. Wer liebt, sagt: „Du kannst dich immer auf mich verlassen!" Diese Verlässlichkeit vertreibt die Angst, dem anderen nicht mehr zu genügen, nicht mehr attraktiv genug zu sein oder auf verlorenem Posten zu stehen.

Ein kirchliches Familienbild muss sich mit dem Thema Freiheit und Bindung auseinandersetzen. In unserer Gesellschaft gilt die Leitidee und das Leitdogma des autonomen Individuums: Jeder Einzelne kann selbst darüber entscheiden, wie sie oder er leben will. So kam es zu einem Individualisierungsschub, der die bisherigen Sozialstrukturen der Gesellschaft geschwächt oder sogar zerstört hat. Ebenfalls individualisiert sind die Sozialsysteme, genauso die Lebensrisiken: Die Reform des Unterhaltsrechts, die Witwenrente, die zeitliche Begrenzung der Mitversicherung von Familienangehörigen dienen der selbständigen Sicherung der Existenz. Im Wissen etwa um hohe Scheidungsraten sollen die Menschen dazu gebracht werden, selbst für ihr Auskommen zu sorgen und sich auf keinen anderen zu verlassen. Abhängigkeit und Bindung an andere werden oft als Freiheitsverlust bewertet.

In Familien aber geht es um Bindung, um Solidarität, auch über mehrere Generationen. Es geht um Bindung nicht nur materieller Art, es geht um tiefe Kommunikation, es geht um ein miteinander Lernen und miteinander Wachsen, um Austausch, um Heimat, um Verlässlichkeit, es geht um Ehe und Familie als Vertrauensgemeinschaft, die Verantwortung füreinander fordert und ermöglicht und so auf dem Weg ist zu einer gelungenen Lebensentfaltung aller in der Familie. Alles Große im menschlichen Leben braucht das Bleiben, die Dauer, damit etwas Großes wachsen kann. Das gilt erst recht für Ehe und Familie. Wenn zwei Menschen eine Ehe eingehen, so versprechen sie sich, ein Leben lang beieinander zu bleiben und in diesem ihrem Leben miteinander lieben zu lernen.

Das braucht ein Leben, das geht nicht schneller. Lieben ist eben mehr als ein spontanes Verliebtsein. Liebe braucht das Wachstum im Alltag, in der Gefährdung, in der Belastung. Die Entfaltung der Liebe braucht Dauer.

3. Liebe sucht das gegenseitige Versprechen

Weil Liebe Dauer will, sucht sie das wechselseitige Versprechen. Die Liebenden möchten hören, dass ihr Ja zueinander auch morgen noch gilt – in guten und in bösen Tagen, in Gesundheit und Krankheit – bis in den Tod. Dieses wechselseitige Versprechen gilt auf der Höhe der Ekstase, in den Niederungen des Alltags und in den Abgründen von Schmerz und Leid. Bei der Eheschließung vertrauen sich die Brautleute einander an und legen laut und deutlich vor Gott und den Menschen ein wechselseitiges, unwiderrufliches Treueversprechen ab: „Ich werde immer bei dir sein!"
Im katholischen Eheverständnis versprechen die Ehepartner ihr Zusammenbleiben auf ihre gesamte Lebenszeit hin:

– Der Partner bzw. die Partnerin sind so viel wert, dass sie sich einander bedingungslos annehmen und den Anderen oder die Andere nicht bei einem Verflüchtigen der Gefühle oder bei Problemen und Schwierigkeiten sitzenlassen.
– Das Eheversprechen ist der größte Ausdruck menschlicher Freiheit: ich binde mich an den Anderen in Freiheit, obwohl ich nicht weiß, wie unser Weg sich weiter entfalten wird. Es ist eine Frage

TRAUEN SIE SICH!

der Wertschätzung und Hochachtung und der bedingungslosen Annahme des anderen Menschen.
- Die Weisungen Jesu zur Unauflöslichkeit der Ehe sind im katholischen Eheverständnis der theologische Grund für diese Versprechen der Ehepartner:

„Was Gott verbunden hat, darf der Mensch nicht trennen." (Mt 19,6 und Mk 10,9).

„Wer seine Frau aus der Ehe entlässt und eine andere heiratet, begeht ihr gegenüber Ehebruch" (Mk 10,11 u.a.). Anders als die entsprechenden alttestamentlichen Stellen sieht Jesus Mann und Frau als gleichberechtigte und gleichwertige Partner an, deren Persönlichkeit auch in der Ehe geschützt ist.

4. Ehe ist ein Versprechen mit Leib und Seele

Das Eheversprechen bezieht Eros und Sexualität mit ein. Die Liebe zwischen Mann und Frau sucht das erotische Begehren genauso wie die liebevoll-fürsorgliche Zuneigung. Dieses Spannungsfeld aus Lust und Hingabe, Freundschaft und Herzensnähe eröffnet den ureigenen Raum für die Zeugung neuen Lebens.

1. Liebe zwischen Mann und Frau
Die griechische Philosophie von den Vorsokratikern bis Plotin vertrat immer leidenschaftlich die Überzeugung, dass die Differenz ein mangelhafter Modus der Einheit ist. Viele Gnostiker vertreten folglich die Überzeugung, dass die Differenz der Geschlechter ein Abfall vom Ursprung ist.
Judentum und Christentum stehen im Gegensatz

dazu für eine vom Schöpfer gewollte Differenz der Geschlechter. Die Geschlechterdifferenz gehört von Anfang an zur Schöpfung, in die Gott seinen Bund mit den Menschen einzeichnen will.

Dagegen vertreten gerade in der Gender-Diskussion manche Zeitgenossen: Der Mensch findet keinen Sinn vor, er muss Sinn und sich selbst entwerfen. Er ist nicht das, was er vorfindet, sondern sein eigenes Projekt. Simone de Beauvoir etwa ist der Überzeugung, dass die Geschlechterdifferenz nicht vorgegeben ist, sondern gesellschaftlich konstruiert. Frau-Sein, Mann-Sein ist nichts Wesentliches und Unausweichliches, sondern eine Rolle. Die Bedeutung des biologischen Unterschieds soll weitgehend ausgeschaltet werden.

Die christliche Botschaft hält hingegen fest: Frau und Mann repräsentieren das Unterscheidende, nicht Austauschbare, die Strukturen, die der Schöpfer in seiner Natur eingezeichnet hat im Hinblick auf Christus und die Kirche und die von daher sakramentale Bedeutung erhält.

Dies ist das ureigene Sinnziel der Geschlechtlichkeit des Menschen: Die Einheit von Schöpfungswirklichkeit und Gnadenwirklichkeit: Gott hat die Schöpfung auf dieses Ziel hin geschaffen: auf die Abbildung des Bundes zwischen ihm und Israel, in ihrem Unterschiedlich-Sein, in ihrer Differenziertheit, in ihrem Verschieden- und zugleich Aufeinanderbezogen-Sein. Gemäß dem Schöpfungsbericht ist die Schöpfung der Geschlechterdifferenz zur Sakramentalität berufen. (Gen 2,23-25)

2. Die christliche Ehe ist geprägt vom christlichen Verständnis der menschlichen Sexualität

Es sieht die Dynamik der Sexualität in einem gemeinsamen Wachsen der geistigen, geistlichen und körperlichen Dimension bis zu dem intensivsten Punkt der gegenseitigen Verbindlichkeit, an dem sich Mann und Frau das Ehesakrament gegenseitig spenden und sich entschließen, sich ganzheitlich gegenseitig zu schenken und anzunehmen und auf einem verbindlichen gemeinsamen Lebensweg miteinander ein Leben lang lieben zu lernen.

Dieses integrative ganzheitliche Lebens- und Liebesverständnis wird gesellschaftlich weitgehend nicht mehr geteilt: Oft wird eine unverbindliche Sexualität gefordert, etwa ohne Ausrichtung auf die Zeugung von Kindern.

Das ganzheitliche umfassende katholische Eheverständnis aber bezieht die Weitergabe des Lebens an Kinder mit ein, die in der Familie körperlich, geistig und geistlich gebildet werden.

In dieser Überzeugung liegt auch die wesenhafte Ausrichtung der sakramentalen Ehe auf die Familie hin.

5. Ehe braucht Schutz und verdient Anerkennung

Die Ehe gibt der Liebe der Eheleute einen intimen und schützenden Rahmen, der von der Gesellschaft, dem Staat und der Kirche zu Recht besonders geachtet wird. Von der Familie geht die Weiterentwicklung der Gesellschaft aus. Sie verdient deren Anerkennung, Förderung und besonderen Schutz.

Ein kirchliches Familienbild wird immer auch die gesellschaftliche und politische Dimension der Verantwortung von Ehe und Familie für die Gesellschaft und der Gesellschaft für Ehe und Familie zum Ausdruck bringen müssen.

Das Themenfeld Ehe und Familie steht heute im Zentrum vieler gesellschaftlicher Diskussionen. Dies liegt nicht nur an der hohen existenziellen Bedeutung, sondern auch daran, dass viele hoch umstrittene Themenfelder im Lebensfeld Ehe und Familie zusammenlaufen: der Wert des Menschen, die Entstehung, Gültigkeit und Begründung von Werten, Macht und Ohnmacht von Institutionen, das Spannungsfeld zwischen Individualität und Gesellschaft, Begründung und Gültigkeit von moralischen Setzungen, Freiheit und Ordnung, Machtanspruch wirtschaftlichen Denkens, Prägung und Vielfalt der Sexualität, Bildung und Erziehung, Subsidiarität und Anspruch des Staates... In diesen komplexen Zusammenhängen drohen der Schutz und die Anerkennung der Familie eingeschränkt oder sogar ganz abgebaut zu werden. Daraufhin nur einige Hinweise:

- Die Ökonomisierung der Familien wird immer dominierender. Vereinbarkeit von Beruf und Familie bedeutet faktisch in vielen politischen Maßnahmen: Eltern möglichst unbeschränkt und umgehend für den Arbeitsmarkt verfügbar machen. Es ist auffallend, dass vor allem Wirtschaftsorganisationen Gutachten zur Bewertung der Familienpolitik erstellen, deren Bewertungskriterium eindeutig die möglichst umgehende und umfassende Wiedererwerbstätigkeit beider Eltern ist. In einem langen Prozess hat sich eine völlige Ver-

kehrung der gesellschaftlichen Bewertung ergeben. Galt früher die Frau, die frühzeitig arbeiten
ging, als Rabenmutter, wird heute die Frau, die
sich entscheidet, um der Kinder willen zu Hause
zu bleiben, als Heimchen und die entsprechende
finanzielle Sicherung als Herdprämie bezeichnet.
Einer geht die Fixierung auf Erwerbstätigkeit als
einzige Quelle von finanzieller Unabhängigkeit und
sozialer Anerkennung.

Um der Freiheit der Menschen und der Familien
willen muss die Entscheidung von Eltern, ihren
Kindern zuliebe beruflich kürzer zu treten, genauso anerkannt und in gleichem Maße gesellschaftlich und finanziell gestützt werden wie eine
andere von den Eltern gefällte Entscheidung hinsichtlich der Gestaltung ihres Familienlebens. Das
Subsidiaritätsdenken des Staates muss wiederauf-
gerichtet werden, der die Entscheidung der Eltern
über die Gestaltung des Erwerbslebens und der
Erziehungsleistung in ihrer Familie als ihre sou-
veräne Entscheidung gleichermaßen achtet und
auch finanziell fördert.

- Zu bedenken ist unter dieser These auch die Frage
der Familienfreundlichkeit des Arbeitsmarktes. Die
Überzeugung mancher Arbeitgeber, durch die ver-
stärkte Einrichtung von Kindertagesstätten wäre
das Problem der Vereinbarkeit von Beruf und Familie gelöst, ist irrig: Wird die Wirtschaft auch so flexibel sein, dass Eltern zum Beispiel im Krankheitsfall
der Kinder Zeit erhalten, bei ihnen zu bleiben? Wird
Familien die Zeit eingeräumt für die Pflege von alten
und kranken Familienangehörigen in akuten nicht-
vorhersehbaren Situationen? Können auch Frauen

in Führungspositionen andere Prioritäten setzen als die uneingeschränkte Verfügbarkeit für den Arbeitgeber? Es muss darum gehen, die Arbeitswelt zugunsten der Familien umzubauen. Dies wird nur dann gehen, wenn Wirtschaft, Staat und Gesellschaft dazu stehen, dass Gewinnmaximierung nicht das oberste Gebot des Handelns in unserer Gesellschaft ist.

- Kinderreiche Familien
  1,2 Millionen Familien mit drei und mehr Kindern gelten heute schon als kinderreich! 17,4 Prozent dieser Familien haben 4 Kinder, 6 Prozent 5 oder mehr Kinder.
  Oftmals werden kinderreiche Familien als asozial bezeichnet: selbst schuld! Wer ergreift eigentlich für sie öffentlich Partei? Wer fordert ihre besondere finanzielle Förderung? Wer vertritt ein bevorzugtes Wiedereinstiegsrecht ins Erwerbsleben von solchen Vätern und Müttern nach vielen Jahren ihrer Familientätigkeit? Wie sähe die Statistik der Kinder in Deutschland aus, wenn es keine kinderreichen Familien gäbe?

- Migranten- und Flüchtlingsfamilien
  Gerade in unserer heutigen Zeit scheint es mir wichtig zu sein, den Blick zu erweitern auf die Familien, die oft mit ganz anderen Ehe- und Familienerfahrungen oder aber mit oft furchtbaren Lebenserfahrungen zu uns kommen: die Migranten- und die Flüchtlingsfamilien. Ein katholischer Familienverband muss sich für sie einsetzen, und dies nicht nur in materieller Hinsicht: sie bringen auch einen Reichtum an oft schwierigen, aber oft auch beglückenden Lebenserfahrungen mit. Sie bereichern

unser Ehe- und Familienbild und auch unsere politischen und gesellschaftlichen Vorgaben und Entscheidungen. Ein katholisches Familienbild, das diese Familien und andere Familiennot nicht in den Blick nimmt, ist mir unvorstellbar.

- Kirche muss sich schließlich in ganz besonderer Weise der Familien annehmen, die, aus welchen Gründen auch immer, unter Armut leiden. Es kann nicht sein, dass Familien die Verlierer der Nation sind und Kinder ein Armutsrisiko im reichen Deutschland darstellen. Wesentliche Entwicklungschancen des Menschen werden in seiner Kindheit und besonders in seiner frühen Kindheit gelegt. Hier ist es eine Forderung der Gerechtigkeit und der Menschenwürde, gerade einkommensschwache Familien besonders zu stützen und ihnen ein gesichertes Auskommen einzurichten und ihren Kindern Weiterbildungschancen zu eröffnen.

6. Die Ehe ist ein Wagnis, das Mut und Engagement fordert

Die Ehe ist ein Lebensprojekt mit Herausforderungen und Risiken. Sie braucht den vollen Einsatz. Es geht nicht um ein auf Dauer gestelltes Verliebtsein, um die ewigen „Schmetterlinge im Bauch". Die Eheleute lassen sich in jeder Lage und zu allen Zeiten immer wieder neu auf das Abenteuer ein, sich gegenseitig zu entdecken und so einander die Treue zu halten. Das christliche Ehe- und Familienverständnis wird die Ehe und die Familie immer wieder als Lernprozess sehen. Mit der Eheschließung machen sich zwei

Menschen verbindlich auf den Weg, ein Leben lang lieben zu lernen. Es ist nicht so, dass die Liebe zum Zeitpunkt der Eheschließung ihren Höhepunkt erreicht. Mit ihr beginnt ein lebenslanger Prozess des Lieben-lernens, der Achtung der anderen Persönlichkeit und des Miteinander-weiter-entwickelns der eigenen Gemeinschaft und der Gemeinschaft mit den Kindern und den anderen Familienangehörigen.

Hier stellt sich die Frage, wie Gesellschaft und Kirche solche Lernprozesse begleitet und fördert: Wenn die Schule angeblich auf das Leben vorbereitet, wie bereitet sie junge Menschen auf Ehe und Familie vor? Hier stellt sich auch die Frage nach der gesellschaftlichen und kirchlichen Ehevorbereitung, nach begleitenden Lehrangeboten und nach dem Ausbau von Beratungseinrichtungen.

7. Liebe teilt sich mit

Liebe möchte sich weiterschenken. So entfaltet sich die Ehe in der Liebe zu den Kindern und den Familienangehörigen. Als Bund der Treue schenkt die Ehe Verlässlichkeit und Geborgenheit: In diesem Raum können Kinder Vertrauen in das Leben fassen und die nötigen emotionalen, geistigen und religiösen Kompetenzen für ein selbstständiges Leben erlernen. Wenn einem Ehepaar Kinder versagt bleiben, ist das ein großer Schmerz, der Einfühlsamkeit fordert.

Über das ganzheitliche kirchliche Verständnis der Sexualität und die Zusammengehörigkeit der verschiedenen Dimensionen der Sexualität wie der Persönlichkeitsdimension, der Beziehungsdimension, der Lustdimension und der Dimension der Fortpflanzung etwa habe ich schon gesprochen. An dieser Stelle möchte ich über einen anderen Aspekt der mitteilenden Liebe, von der in Punkt 7 die Rede ist, sprechen.

Ein kirchliches Familienbild wird Familie nie beschränken auf die Wirklichkeit der Eltern mit ihren Kindern. Zur Familie gehören auch die Großeltern und entferntere Verwandte. Hier geht es nicht nur um mögliche Belastungen etwa einer Langzeitpflege, hier geht es auch um den Reichtum an Lebenserfahrungen, den die verschiedenen Generationen in eine Familie einbringen. Hier geht es auch um die Verantwortung der Großeltern etwa in der religiösen Erziehung ihrer Enkel. Was bedeutet ein solcher Familienverband? Wie ist er überhaupt heute noch lebbar? Hier geht es etwa auch um die Solidarität in Patchworkfamilien: werde ich mich noch verantwortlich fühlen für meine Schwiegermutter aus 2. Ehe, während ich in der 3. Ehe lebe. Welche Verbindlichkeiten bleiben oder werden aufgelöst?

Zu diesem Bereich gehört auch das Anliegen der Pflege von alten und kranken Menschen in unserer Gesellschaft und unsere Verantwortung ihnen gegenüber. Zu einem lebensbedeutsamen kirchlichen Familienbild gehören dabei auch die Fragen des Sterbens in der Familie und der heute so schnell angeforderten Sterbehilfe. Wie können Menschen in unseren Familien diese so entscheidende Zeit ihres Lebens, die Zeit ihres Sterbens, würdig und umsorgt verbringen? Wie können Menschen in unseren Familien menschenwürdig sterben?

8. Ehe ist in der katholischen Kirche ein Sakrament

In der Liebe der Eheleute ist die Liebe Gottes anwesend und erfahrbar. Sie stehen unter der Zusage Christi: „Ich gehe mit euch. Meine Liebe begleitet euch. Ihr könnt meine Liebe bezeugen und weiterschenken." Für die katholische Kirche ist die Liebe von Mann und Frau in der Ehe ein heiliges Zeichen. In ihr ist die Liebe Christi zu seiner Kirche wirksam und fordert die Treue der Menschen ein.

Das mutet etwas zu und entlastet zugleich. Ehepaare können viel für die Liebe tun. Sie können sich dafür einsetzen, dass das Feuer ihrer Liebe lebendig bleibt, aber die Eheleute müssen und können sich nicht grenzenlos glücklich machen. Sie sind und bleiben getragen von der Güte Gottes.

Die katholische Kirche versteht die Ehe als ein Sakrament. In ihr zu leben ist eine Berufung Gottes. In ihr ist Gottes Liebe anwesend und erfahrbar, der mit den Eheleuten mitgeht und sie befähigt, seine Liebe zu bezeugen und weiter zu schenken. Die Ehe ist von Gott verbürgtes Zeichen der Liebe, in dem seine Liebe wirksam ist. Damit ist die Ehe ein Ort, an dem der Bund Gottes mit den Menschen Wirklichkeit wird. Gott bindet sich an die Menschen und zieht sein gegebenes Ja-Wort nie mehr zurück. Was Gott verbunden hat, kann der Mensch nicht trennen.

Sakrament bedeutet mehr als ein Segen: Im Sakrament der Ehe werden, so drückt es Paulus im Epheserbrief 5,31-32 aus, die beiden Eheleute ein Leib. Im kirchlichen Sakramentenverständnis sind sie damit zugleich der Leib Christi in und für diese Welt. In ihrer Hingabe wird die Hingabe Gottes für die Welt gegenwärtig. Die Eheleute sind damit Bundespartner der Heilsvermittlung Christi. Sie sind nicht nur Objekt des Segens Gottes, sondern Subjekt des Heilsgeschehens, Handlungspartner Christi, Christi Sakrament in Raum und Zeit. Das Ehepaar ist wie die gesamte Kirche nicht nur hörend und betend und empfangend, sondern wird aktiv hineingenommen in die sakramentale Wirkmächtigkeit Christi. Sie sind ein Teil der Sakramentalität der Kirche. Kirche wird in ihnen Wirklichkeit. Deshalb ist das Sakrament immer sichtbare Kommunikation mit der Kirche und öffentliches Bekenntnis mit der konkreten Bekenntnisgemeinschaft. Werden Brautleute und Ehepaare in dieses Glaubensgeheimnis ihrer sakramentalen Ehe eingeführt? Wie verdeutlichen wir ihnen, dass ihr Lebensweg eine geistliche Berufung ist und sie ein persönliches und kirchlich-öffentliches Glaubensbekenntnis ablegen? Gerade an dieser Stelle wird deutlich, worin das Besondere einer kirchlichen sakramentalen Ehe gegenüber anderen Verständnissen von Ehe besteht, die mit dem Kirchenverständnis oftmals nur die drei Buchstaben E h e gemeinsam haben. Die Vorbereitung auf die sakramentale Ehe müsste von daher gerade heutzutage in unserer Glaubenssituation ein Grundkurs des Glaubens sein.

9. Christliche Ehe ist ein Stück gelebte Kirche

Wenn Katholiken die Ehe als Sakrament bezeichnen, bringen sie damit auch zum Ausdruck, dass die Eheleute ihre Liebe nicht nur für sich behalten. Die Liebe der Eheleute hat ihre eigene Ausstrahlung. Sie wird spürbar in der gemeinsamen Erziehung der Kinder, in der Weitergabe des Glaubens, im Engagement in Verwandtschaft, Nachbarschaft, Gesellschaft und Kirche. So ist die christliche Ehe ein sichtbares Zeichen für die Liebe Gottes und deren wirksame Kraft: ein Stück gelebte Kirche. Darum spricht die Kirche von Ehe und Familie als von einer Kirche im Kleinen, auch von einer „Hauskirche".

Im sakramentalen Verständnis der Ehe wird die Liebe Christi zu seiner Kirche abgebildet, wie die Heilige Schrift es formuliert: „Deshalb wird der Mann Vater und Mutter verlassen und sich mit seiner Frau verbinden, und die beiden werden zu einem Leib. Das ist ein tiefes Geheimnis. Ich sage es im Hinblick auf Christus und die Kirche" (Eph 5,31-32).

Christliche Ehe und Familie ist damit Ort gelebter Kirchlichkeit. Darum spricht die Kirche von Ehe und Familie als von einer Kirche im Kleinen, von einer Hauskirche. In ihr ist Christus anwesend, und diese Liebe prägt und trägt die Familie. Sie ist aber Kirche auch als Ort der gegenseitigen Evangelisierung. In ihr lernen Eltern, Kinder, Großeltern und andere Familienangehörige miteinander den Glauben kennen und immer tiefer verstehen. Sie ist gerade für Kinder in ihrer frühkindlichen Prägsamkeit der herausragende Ort der Verkündigung und der Einübung des christlichen Glaubens, der nur schwer von anderen Lebensorten in dieser seiner Bedeutung ersetzt werden kann.

Allerdings geht es hier nicht um eine Idealisierung der Familie. Familie ist, darüber wird später noch nachzudenken sein, immer auch eine Gemeinschaft der Schwachen, die aber gerade in ihrer Schwäche die Stärke des Glaubens füreinander verdeutlichen und erfahrbar werden lassen können.

Sie ist erst recht keine Idylle für einen begrenzten Personenkreis. Als Kirche wird die Familie immer offene Familie sein für die Menschen verschiedener Generationen, aber auch für die Menschen, die innerhalb und außerhalb der Kirche an unserer Seite leben. Kirche und Familie als Hauskirche gibt sich selbst auf und verrät ihre Bestimmung, wenn sie ausschließende Grenzen zieht gegen Menschen, die auf der Schattenseite des Lebens stehen oder die sich für andere Werte und Ordnungen ihres Lebens entschieden haben oder sie – aus welchen Gründen auch immer – faktisch leben müssen. Das Miteinander mit diesen Menschen in der Kirche und in der Hauskirche der Familie kann zu einer großen Bereicherung, zu einer großen Gnade für alle werden.

Hier sei auch die Situation der Eheleute und Familien angesprochen, die unterschiedlichen Konfessionen angehören und die hinsichtlich der Sakramentalität ein unterschiedliches Eheverständnis besitzen. Luther verstand die Ehe als ein „weltlich Ding". Sie ist kein Sakrament, sondern wird nur unter den Segen Gottes gestellt. Es erfordert Hochachtung, Respekt, den anderen in seinem Anderssein im ökumenischen Geist zu achten und seine Überzeugung als Bereicherung zu empfinden gegen einen ökumenischen Minimalismus. Damit müssten aber auch die klaren Probleme angesprochen werden, etwa die Schwierigkeit, mit Kindern in mehreren Konfessionen beheimatet zu sein oder auch das Aushalten unterschiedlicher theologischer und ethischer Standpunkte.

Schwieriger noch ist die Situation für Eheleute und

Familien, die unterschiedlichen Religionen mit unterschiedlichem kulturellem und religiösem Verständnis der Ehe angehören. Wie dies in einer Familie integrieren, mit und für die Kinder leben?

Noch problematischer ist es, wenn einer der Ehepartner ein überzeugter Christi ist und der andere aggressiv-gleichgültig und alle Fragen der Weitergabe des Glaubens um des Friedens willen der Ehe beiseitegeschoben werden. Wie soll in solchen Familien Evangelisierung der Kinder geschehen?

Sicherlich aber ist die Überzeugung, dass die christliche Ehe und Familie Hauskirche ist, eine Herausforderung für die Kirche in ihrer Gesamtheit. Sie müsste als Weggefährtin erfahrbar sein, die unsere Familien begleitet in frohen und schweren Stunden und auch im Scheitern, als Weggefährtin, die fordert und fördert und ermutigt, und die nicht abschreibt oder links liegen lässt. Es ist geradezu widersinnig, wenn Familien die Familie der Kirche vor allem als Richterin erleben.

10. Gott ist auch bei denen, die Fehler machen

Die Ehe ist ein Zeichen für die Treue Gottes.

Aber zugleich ist und bleibt die Ehe eine irdische und menschliche Angelegenheit, und die Eheleute bleiben unvollkommen und fehlbar. Sie brauchen den Willen zur Selbstkritik, zur Umkehr und zur Vergebung. Sie müssen einander Raum geben, damit sie sich verändern und entfalten können – miteinander und nicht nebeneinander. Sonst werden sie eines Tages feststellen, dass sie sich auseinandergelebt haben.

Auf Gott können die Ehepartner in allen Höhen und Tiefen vertrauen. Er hilft zur Umkehr, zur Vergebung, zum

Neuanfang. Seine Liebe bleibt – selbst dann, wenn die Partner ihr Versprechen nicht halten. Seine Liebe geht auch in ihrem Scheitern nicht verloren. Gott ist treu.

Eine fehlerlose, perfekte Ehe und Familie gibt es nicht. Der schnellste Weg, eine Ehe zum Zerbrechen zu bringen, ist zu verkünden, es gäbe die perfekte Ehe. Sofort wird jeder in seiner Familie beginnen, sich der Fehler und Schwächen dieser Gemeinschaft so destruktiv bewusst zu werden, dass man diese Gemeinschaft eigentlich nur aufkündigen kann. Ehe und Familie ist hingegen ein lebenslanger Miteinander-Lernprozess. In Ehe und Familie gibt es Fehler, Schwächen, Grenzüberschreitungen und Versagen. Das ist keine Bagatellisierung von Schuld, sondern schmerzvolles Wahrnehmen auch der eigenen Realität. Ohne solch ein Wahrnehmen ist ein Lernprozess, Veränderung zum Guten nicht möglich, ohne Lernprozess keine Weiterentwicklung.

Als Christen leben wir in der tiefen Überzeugung, dass Gott uns in unserer Treulosigkeit ihm und den Menschen gegenüber treu bleibt.

Mit der Betrachtung, dass das Leben und die Liebe ein Geheimnis ist und zuletzt nicht fassbar, planbar, habe ich begonnen und darauf möchte ich abschließend eingehen. Unser Eintreten für ein profiliertes christliches Bild von Ehe und Familie in ihrem wesentlichen Zusammenhang darf bei aller inhaltlich klaren Auseinandersetzung nicht zur Ausgrenzung von Menschen führen, denn in ihnen würden wir Gott ausgrenzen. Mir ist dies beim letzten Treffen des Dialogprozesses in Magdeburg noch einmal deutlich geworden. In unserer Dresdner Delegiertengruppe hatte ich sehr bewusst jene junge Künstlerin mitgenommen, die zum Abschluss der Magdeburger Tage ans Mikrofon trat und sagte: „Ich bin dankbar, dass ich als Nicht-Getaufte in Magdeburg hier dabei sein konnte. Ich muss Ihnen aber sagen: Ich bin nicht nur nicht getauft, ich bin nicht verheiratet, ich habe ein Kind und erwarte mein 2. In Ihren Augen habe ich eine gebrochene Biographie." Auch im Hinblick auf solche Äußerungen und für solche Menschen an unserer Seite müssen wir vielleicht in einer ganz anderen Sprache und literarischen Form das Evangelium der Ehe neu und glaubwürdig verkünden.

BERUFUNG UND SENDUNG DER FAMILIE IN KIRCHE UND WELT VON HEUTE
INSTRUMENTUM LABORIS (AUSZÜGE)

Einleitung
[...]

(2.) Als Ort der Freuden und der Prüfungen, tiefer Zuneigung und zuweilen verletzter Beziehungen ist die Familie tatsächlich die „Schule der Menschlichkeit" (vgl. GS, 52), derer wir besonders bedürfen. Trotz der vielen Anzeichen einer Krise der Institution Familie in den verschiedenen Kontexten des „globalen Dorfes" bleibt, vor allem unter den Jugendlichen, der Wunsch nach Familie lebendig. Dies bestärkt die Kirche, Expertin der Menschlichkeit und ihrer Sendung treu, ohne Unterlass und in tiefster Überzeugung das „Evangelium der Familie" zu verkünden, das ihr mit der Offenbarung der Liebe Gottes in Jesus Christus anvertraut und von den Kirchenlehrern, den Meistern der Spiritualität und vom Lehramt der Kirche ununterbrochen gelehrt wurde. Die Familie hat für die Kirche eine ganz besondere Bedeutung, und zu einer Zeit, in der alle Gläubigen eingeladen sind, aus sich selbst herauszugehen, ist es notwendig, dass die Familie sich als unverzichtbares Subjekt der Evangelisierung wiederentdeckt. Wir denken an das missionarische Zeugnis vieler Familien.
[...]

I. TEIL
DAS HÖREN AUF DIE HERAUSFORDERUNGEN IM HINBLICK AUF DIE FAMILIE

I. Kapitel
Die Familie und der anthropologisch-kulturelle Kontext

Der soziokulturelle Kontext

(6.) (5). In Treue zur Lehre Christi betrachten wir die Wirklichkeit der heutigen Familie in ihrer ganzen Komplexität, mit ihren Licht- und Schattenseiten. Wir denken an die Eltern, an die Großeltern, an die Brüder und Schwestern, an die nahen und entfernten Verwandten und an das Band zwischen zwei Familien, das durch jede Ehe geknüpft wird. Der anthropologisch-kulturelle Wandel beeinflusst heute alle Aspekte des Lebens und erfordert eine analytische und differenzierte Herangehensweise. Es gilt zuallererst, die positiven Aspekte hervorzuheben: die größere Redefreiheit und breitere Anerkennung der Rechte der Frau und der Kinder, jedenfalls in einigen Regionen. Doch andererseits muss ebenso die wachsende Gefahr betrachtet werden, die im ausufernden Individualismus zum Ausdruck kommt, der die familiären Bindungen entstellt und dazu führt, jedes Mitglied der Familie als eine Insel zu betrachten. Hierbei wird in einigen Fällen die Vorstellung eines Subjekts geltend gemacht, das sich nach eigenen Wünschen formt, welche wiederum als etwas Absolutes angesehen werden. Hinzu kommt noch die Krise des Glaubens, die so viele Katholiken betrifft und die oft an der Wurzel der Krisen von Ehe und Familie steht.

Der anthropologische Wandel

(7.) In der heutigen Gesellschaft sind verschiedene Ausgangsbedingungen zu beobachten. Nur eine Minderheit lebt, unterstützt und tritt für die Lehre der katholischen Kirche über Ehe und Familie ein, weil sie in ihr das Gute des schöpferischen Planes Gottes erkennt. Die kirchlichen und zivilen Eheschließungen gehen zurück, während die Zahl der Trennungen und Scheidungen ansteigt.

Die Anerkennung der Würde jeder Person, Mann, Frau und Kind, breiten sich genauso aus wie das Bewusstwerden der Bedeutung der verschiedenen Ethnien und der Minderheiten; diese letztgenannten Aspekte – bereits in vielen, nicht nur westlichen, Gesellschaften verbreitet – festigen sich auch in verschiedenen anderen Ländern.

In den verschiedensten kulturellen Zusammenhängen lässt sich die Angst der Jugendlichen feststellen, endgültige Verpflichtungen einzugehen, wie die, eine Familie zu gründen. Allgemeiner gesprochen ist die Verbreitung eines extremen Individualismus feststellbar, welcher die Befriedigung von Wünschen ins Zentrum stellt, die aber nie zur vollen Verwirklichung der Person führen.

Die Entwicklung der Konsumgesellschaft hat Sexualität und Fortpflanzung getrennt. Auch darin liegt einer der Gründe für den steigenden Geburtenrückgang. In einigen Fällen hängt er mit der Armut oder der Unmöglichkeit zusammen, sich um den Nachwuchs zu kümmern; in anderen mit der Schwierigkeit, Verantwortung übernehmen zu wollen und der Vorstellung, dass Kinder die freie Selbstentfaltung behindern könnten.

Die kulturellen Widersprüche

(8.) Es gibt nicht wenige kulturelle Widersprüche, die sich auf die Familie auswirken. Es herrscht weiterhin die Vorstellung, sie sei der sichere Hafen der tiefsten und befriedigendsten Gefühle, aber die Spannungen, die von einer verbitterten individualistischen Kultur des Besitzes und des Genusses in sie hineingetragen werden, bringen in ihr Dynamiken der Intoleranz und der Aggressivität hervor, die zuweilen nicht beherrschbar sind. Hier kann man auch eine bestimmte Spielart des Feminismus anführen, welche im Muttersein einen Vorwand für die Ausbeutung der Frauen und ein Hindernis für ihre volle Verwirklichung sieht. Darüber hinaus lässt sich die wachsende Tendenz feststellen, die Zeugung eines Kindes als ein Mittel der Selbstbestätigung zu betrachten, das um jeden Preis erreicht werden muss. Schließlich ist an jene Theorien zu erinnern, nach denen die persönliche Identität und die affektive Intimität in einer Dimension gelebt werden sollen, die von der biologischen Verschiedenheit zwischen Mann und Frau radikal abgekoppelt ist.
Gleichzeitig will man aber im Hinblick auf die Stabilität einer Paarbeziehung, die unabhängig von der Differenz der Geschlechter gebildet wurde, dieser den gleichen Begriff derjenigen ehelichen Beziehung zusprechen, welche mit der Rolle der Mutter und des Vaters innerlich verbunden ist

die ausgehend von der biologischen Weitergabe des Lebens definiert werden. Diese Konfusion hilft nicht dabei, die soziale Eigenart dieser affektiven Beziehungen zu definieren, überlässt aber die besondere Verbindung zwischen Verschiedenheit, Weitergabe des Lebens und menschlicher Identität der individualistischen Beliebigkeit. Ein menschlich und kulturell und nicht nur biologisch vertieftes Verständnis der sexuellen Verschiedenheit ist sicher notwendig. Und dies in dem Bewusstsein, dass „die Beseitigung des Unterschieds [...] das Problem, nicht die Lösung" ist (Franziskus, Generalaudienz, 15.April 2015). [...]

Schwäche und Stärke der Familie

(10.) Gerade durch ihre kulturelle und soziale Krise macht die Familie, grundlegende menschliche Gemeinschaft, heute mehr denn je anschaulich, wie viele Leiden durch ihre Schwächung und ihre Zerbrechlichkeit hervorgerufen werden. Und auch, wie viel Kraft sie in sich selbst finden kann, um dem Ungenügen und der Flüchtigkeit der Institutionen im Hinblick auf die Bildung der Person, die Qualität der sozialen Beziehungen, die Sorge um die verletzlichsten Menschen entgegenzutreten. Um sie in ihrer Zerbrechlichkeit unterstützen zu können, ist es daher besonders notwendig, die Kraft der Familie angemessen wertzuschätzen.

II. Kapitel
Die Familie und der sozio-ökonomische Kontext

Die Familie, unersetzliche Ressource der Gesellschaft

(11.) Die Familie ist bis heute der grundlegende und unverzichtbare Eckpfeiler des sozialen Lebens und wird es immer bleiben. In ihr leben ja tatsächlich vielfältige Unterschiede zusammen, durch die Beziehungen geknüpft werden, und man in der Auseinandersetzung und in der gegenseitigen Annahme der Generationen wächst. Gerade auf diese Weise stellt die Familie einen grundlegenden Wert und eine unersetzliche Ressource für die harmonische Entwicklung jeder menschlichen Gesellschaft dar. Wie es das Konzil sagt: „Die Familie ist eine Art Schule reich entfalteter Humanität. [...] Sie ist das Fundament der Gesellschaft" (GS, 52). In den familiären Beziehungen, als Eheleute, Kinder und Geschwister, schaffen alle Glieder der Familie in Eintracht und gegenseitigem Respekt starke und unverdiente Bindungen, welche es ermöglichen, die Gefahren der Isolierung und der Einsamkeit zu überwinden. [...]

Die Herausforderung der Einsamkeit und der Vorläufigkeit

(13.) *(6) Eine der größten Verarmungen in der gegenwärtigen Kultur ist die Einsamkeit, Ergebnis der Abwesenheit Gottes im Leben der Menschen und der Zerbrechlichkeit der Beziehungen. Es gibt außerdem ein allgemeines Gefühl der Ohnmacht angesichts der sozioökonomischen Wirklichkeit die oft dazu führt, die Familien zu erdrücken. Das gilt etwa für die wachsende materielle Armut und die prekären Arbeitsverhältnisse, welche bisweilen als wahrer Alptraum erlebt werden, oder hinsichtlich einer allzu drückenden Steuerbelastung, die junge Menschen sicherlich nicht zur Ehe ermutigt. Oft fühlen sich die Familien auf Grund des Desinteresses und der geringen Aufmerksamkeit von seiten der Institutionen verlassen. Im Hinblick auf die soziale Organisation sind die negativen Folgen sehr deutlich: von der demographischen Krise bis zu den Schwierigkeiten in der Erziehung, vom Zaudern bei der Annahme des werdenden Lebens bis dahin, dass die Gegenwart der alten Menschen als Last empfunden wird, bis hin zur Ausbreitung eines affektiven Unwohlseins, das zur Gewalt führt. Es liegt in der Verantwortung des Staates, rechtliche und wirtschaftliche Bedingungen zu schaffen, welche den Jugendlichen eine Zukunft garantieren und ihnen dabei helfen, ihr Vorhaben der Familiengründung umzusetzen. [...]*

III. Kapitel
Familie und Einbeziehung

Das dritte Lebensalter

(17.) Viele heben die Situation der Menschen fortgeschrittenen Alters in den Familien hervor. Während die Geburtenrate zurückgeht, nimmt in den entwickelten Gesellschaften die Zahl alter Menschen zu. Der Schatz, den sie darstellen, wird nicht immer angemessen gewürdigt. Wie Papst Franziskus ins Gedächtnis ruft: „Die Zahl der alten Menschen hat sich vervielfacht, aber unsere Gesellschaften haben sich nicht ausreichend organisiert, um Raum für sie zu schaffen, zusammen mit der rechten Achtung und konkreten Berücksichtigung ihrer Schwachheit und ihrer Würde. Solange wir jung sind, sind wir verleitet, das Alter zu ignorieren, so als wäre es eine Krankheit, die ferngehalten werden muss. Wenn wir dann alt werden, besonders wenn wir arm sind, wenn wir krank und allein sind, erfahren wir die Mängel einer Gesellschaft, die auf Leistung programmiert ist und infolgedessen die alten Menschen übersieht. Und die alten Menschen sind ein Reichtum, man darf sie nicht übersehen" (*Generalaudienz*, 4. März 2015).

(18.) Eine besondere Aufmerksamkeit verdient die Situation von Großeltern in der Familie. Sie sind das Bindeglied zwischen den Generationen. Sie stellen die Weitergabe von Traditionen und Gewohnheiten sicher, in denen die Jüngeren ihre eigenen Wurzeln entdecken können. Darüber hinaus garantieren sie, oft in diskreter Weise und ohne Gegenleistung zu erwarten, den jungen Paaren eine wertvolle wirtschaftliche Unterstützung und kümmern sich um die Enkel, auch dadurch, dass sie ihnen den Glauben weitergeben. Besonders in unseren Tagen können viele Menschen anerkennen, dass sie ihre Einführung in das christliche Leben besonders den Großeltern verdanken. Dies zeigt, wie der Glaube innerhalb der Familie und in der Folge der Generationen kommuniziert und bewahrt und auf diese Weise zu einem unersetzlichen Erbgut für die neuen Familien wird. Den Alten gebührt daher von seiten der Jungen, der Familien und der Gesellschaft ein Tribut aufrichtiger Dankbarkeit, der Wertschätzung und der Gastfreundschaft.

Die Herausforderung der Verwitwung

(19.) Für denjenigen, der die Entscheidung für die Ehe und das Familienleben als Geschenk des Herrn erlebt hat, stellt die Verwitwung eine besonders schwierige Erfahrung dar. Aus dem Blickwinkel des Glaubens aber hält sie auch einige Möglichkeiten bereit, die es wertzuschätzen gilt. Zum Beispiel zeigen einige in dem Moment, in dem sie diese schmerzliche Erfahrung durchleben, dass es möglich ist, die eigenen Kräfte mit noch mehr Hingabe den Kindern und Enkeln zu schenken, und finden in dieser Erfahrung der Liebe eine neue erzieherische Sendung. In gewissem Sinn wird die Leere, die der verstorbene Ehepartner hinterlassen hat, durch die Liebe der Familienmitglieder aufgefüllt, welche die Verwitweten wertschätzen und es ihnen auf diese Weise auch ermöglichen, die wertvolle Erinnerung an ihre eigene Ehe zu bewahren. Demgegenüber müssen aber diejenigen, die nicht auf die Gegenwart von Angehörigen zählen können, denen sie sich widmen und von denen sie Liebe und Nähe erhalten können, von der christlichen Gemeinschaft durch besondere Aufmerksamkeit und Verfügbarkeit unterstützt werden, vor allem wenn sie bedürftig sind.

Der letzte Lebensabschnitt und die Trauer in der Familie

(20.) Die Menschen fortgeschrittenen Alters sind sich dessen bewusst, dass sie sich in der letzten Phase ihres Lebens befinden. Ihre Situation wirkt sich auf das ganze Familienleben aus. Die Auseinandersetzung mit der Krankheit, welche häufig die Verlängerung des Alters begleitet und vor allem die Auseinandersetzung mit dem Tod, dessen Nähe wahrgenommen und im Verlust eines geliebten Menschen (des Ehepartners, der Angehörigen, der Freunde) erfahren wird, stellen die kritischen Aspekte dieses Lebensalters dar. Sie fordern den Einzelnen und die ganze Familie zur Neuausrichtung des eigenen Gleichgewichtes auf.

Je mehr, wenigstens in den reichen Ländern, versucht wird, auf alle mögliche Weise den Moment des Todes auszublenden, desto notwendiger wird heute die Wertschätzung der abschließenden Lebensphase. Angesichts einer negativen Sichtweise dieser Zeitspanne – welche nur die Aspekte des Verfalls und des fortschreitenden Verlustes der Fähigkeiten, der Autonomie und der Affekte betrachtet – können die letzten Jahre angegangen werden, indem der Sinn der Vollendung und der Integration der gesamten Existenz hervorgehoben werden. Es wird auch möglich, eine neue Ausprägung von Fruchtbarkeit in der Weitergabe eines vor allem moralischen Erbes an die neuen Generationen zu entdecken. Gemeinsam mit der Nähe der Familienmitglieder stellen die Spiritualität und die Transzendenz wesentliche Ressourcen dar, damit auch das Alter von einem Sinn der Würde und der Hoffnung durchdrungen werden kann.

Besondere Aufmerksamkeit verdienen sodann jene Familien, die durch die Prüfung der Trauer gehen. Wenn der Verlust die Kleinen oder die Jugendlichen betrifft, ist die Auswirkung auf die Familie besonders hart. [...]

Die Familien und die Kinder

(29.) *(8) Besonders in einigen Ländern werden viele Kinder außerhalb der Ehe geboren, und viele von ihnen wachsen dann mit nur einem Elternteil oder in einem erweiterten oder neugebildeten familiären Umfeld auf. Die Zahl der Scheidungen wächst, und nicht selten werden Entscheidungen allein von wirtschaftlichen Faktoren bestimmt. Die Kinder sind häufig Streitobjekte ihrer Eltern und die wahren Opfer familiärer Zerwürfnisse. Gerade dort, wo es nötig wäre, dass sie klarer die Verantwortung für die Kinder und die Familie übernehmen, sind die Väter, nicht nur aus ökonomischen Gründen, häufig abwesend. Die Würde der Frau muss noch weiter verteidigt und gefördert werden. Vielfach ist in der Tat das Frau-Sein Grund für Diskriminierung, und auch das Geschenk der Mutterschaft führt oft eher zu Nachteilen, als dass es wertgeschätzt wird. Auch die zunehmenden Formen der Gewalt gegen Frauen, manchmal auch innerhalb der Familien, dürfen genauso wenig vergessen werden, wie die schlimme und in einigen Kulturen weit verbreitete Genitalverstümmelung der Frau. Schließlich ist die sexuelle Ausbeutung von Kindern eine der skandalösesten und perversesten Wirklichkeiten der heutigen Gesellschaft. Auch die von kriegerischer Gewalt, Terrorismus oder organisierter Kriminalität heimgesuchten Gesellschaften erleben, dass sich die Lage der Familien verschlechtert. Vor allem in den großen Metropolen und ihren Randgebieten wächst das so genannte Phänomen der Straßenkinder. Auch die Migrationen stellen ein weiteres Zeichen der Zeit dar, das mit all seinen negativen Auswirkungen auf das Familienleben verstanden und angegangen werden muss.*

Die Rolle der Frauen

(30.) Von vielen Seiten wird gesehen, dass die Prozesse der Emanzipation der Frau ihre entscheidende Rolle beim Wachstum der Familie und der Gesellschaft zu Recht hervorgehoben haben. Es bleibt aber auch wahr, dass die Lebensbedingungen der Frau in der Welt sehr großen Unterschieden unterworfen sind, welche ihren Grund vorwiegend in kulturellen Faktoren haben. Wie die schwierigen Bedingungen der Frau in verschiedenen Ländern zeigen, die kürzlich einen Entwicklungsschub gemacht haben, ist nicht daran zu denken, dass die schwierigen Situationen einfach dadurch zu lösen sind, dass die wirtschaftlichen Engpässe beseitigt und eine moderne Kultur eingeführt wird.

Die weibliche Emanzipation erfordert in den westlichen Ländern ein erneutes Nachdenken über die Aufgaben der Eheleute in ihrer gegenseitigen Ergänzung und in ihrer gemeinsamen Verantwortung im Hinblick auf das Familienleben. In den Entwicklungsländern kommen zur Ausbeutung und zur gegen den Körper der Frau ausgeübten Gewalt und den Lasten, die ihnen auch während der Schwangerschaft aufgebürdet werden, häufig erzwungene Abtreibungen und Zwangssterilisierungen sowie die äußerst negativen Konsequenzen verschiedener mit der Zeugung verbundener Praktiken (z. B. Leihmutterschaft und der Handel mit embryonalen Keimzellen). In den entwickelten Ländern hat der Wunsch nach einem Kind „um jeden Preis" nicht zu glücklicheren und stabileren familiären Beziehungen geführt, sondern in vielen Fällen die Ungleichheit zwischen Frauen und Männern in Wirklichkeit verschärft. Entsprechend der in verschiedenen Kulturen vorhandenen Vorurteile stellt die Unfruchtbarkeit der Frau einen Anknüpfungspunkt sozialer Diskriminierung dar.

Eine größere Wertschätzung ihrer Verantwortung in der Kirche könnte zur Anerkennung der maßgeblichen Rolle der Frau beitragen: ihre Beteiligung an Entscheidungsprozessen, ihre nicht nur formale Teilnahme an der Leitung einiger Institutionen; ihre Einbeziehung in die Ausbildung der Priester.

IV. Kapitel
Familie, Affektivität und Leben

Die Bedeutung des Gefühlslebens

(31.) *(9) Angesichts des skizzierten gesellschaftlichen Rahmens ist in vielen Teilen der Welt beim Einzelnen ein stärkeres Bedürfnis feststellbar, sich um die eigene Person zu kümmern, sich innerlich zu erforschen, besser im Einklang mit den eigenen Emotionen und Gefühlen zu leben, qualitätsvolle affektive Beziehungen zu suchen. Dieses gerechtfertigte Streben kann zu dem Wunsch führen, Beziehungen zu schaffen, die, wie jene der Familie, auf Hingabe und Gegenseitigkeit beruhen, kreativ, verantwortungsvoll und solidarisch sind. Die Gefahr des Individualismus und das Risiko, in egoistischer Weise zu leben, sind groß. Die Herausforderung für die Kirche besteht darin, den Paaren durch die Förderung des Dialogs, der Tugend und des Vertrauens auf die barmherzige Liebe Gottes bei der Reifung der emotionalen Dimension und der affektiven Entwicklung zu helfen. Der volle Einsatz, den eine christliche Ehe erfordert, kann ein starkes Mittel gegen die Versuchung eines egoistischen Individualismus sein.*

Die Bildung der Affektivität

(32.) Es ist erforderlich, dass sich die Familien direkt verantwortlich fühlen, wenn es um die Bildung der Affektivität der jungen Generationen geht. Die Geschwindigkeit, mit der sich die Wandlungen der gegenwärtigen Gesellschaft vollziehen, macht die Begleitung in der Bildung des Gefühlslebens zur Reifung der ganzen Person schwieriger. Diese Begleitung erfordert auch entsprechend ausgebildete Seelsorger, die nicht nur eine tiefe Kenntnis der Schrift und der katholischen Lehre mitbringen, sondern auch über angemessene pädagogische, psychologische und medizinische Kenntnisse verfügen. Damit die christliche Sicht wirksam vermittelt werden kann, ist eine Kenntnis der Psychologie der Familie hilfreich: diese erzieherische Anstrengung soll schon bei der Katechese im Zusammenhang mit der christlichen Initiation beginnen.

Affektive Zerbrechlichkeit und Unreife

(33.) *(10) In der gegenwärtigen Welt fehlt es nicht an kulturellen Tendenzen, die eine Affektivität ohne Grenzen zu propagieren scheinen, von der sie alle Seiten, auch die komplexesten, erkunden wollen. Und so ist die Frage der Zerbrechlichkeit der Affektivität drängender denn je: eine narzisstische, instabile und veränderliche Affektivität, die dem Einzelnen nicht immer hilft, eine größere Reife zu erreichen. Eine gewisse Verbreitung der Pornographie und der Vermarktung des Körpers, die auch durch den Missbrauch des Internets begünstigt wird, gibt Anlass zur Besorgnis. Zu beklagen ist die Situation der Menschen, die zur Prostitution gezwungen werden. In diesem Gesamtkontext sind Paare manchmal unsicher, zögernd und haben Mühe, Möglichkeiten zu finden, wie sie wachsen können. Viele neigen dazu, in frühen Stadien ihres Gefühls- und Sexuallebens stecken zu bleiben. Die Krise der Paarbeziehung destabilisiert die Familie und kann durch Trennun-*

gen und Scheidungen schwere Konsequenzen für Erwachsene, Kinder und die ganze Gesellschaft mit sich bringen, indem sie den Einzelnen und die sozialen Bindungen schwächt. Auch der durch eine geburtenfeindliche Mentalität und eine weltweite, verhütungsfördernde Politik hervorgerufene demographische Rückgang führt nicht nur zu einer Situation, in welcher der Generationswechsel nicht mehr gesichert ist, sondern mit der Zeit auch zu dem Risiko einer wirtschaftlichen Verarmung und des Verlustes von Vertrauen in die Zukunft. Die Biotechnologien haben sich ebenfalls stark auf die Geburtenrate ausgewirkt.

Die bioethische Herausforderung

(34.) Von verschiedenen Seiten wird hervorgehoben, dass die so genannte biotechnologische Revolution im Bereich der menschlichen Zeugung die technische Möglichkeit geschaffen hat, den Akt der Zeugung zu manipulieren und ihn von der sexuellen Beziehung zwischen Mann und Frau unabhängig zu machen. Das menschliche Leben und die Elternschaft sind auf diese Weise zu etwas geworden, das zusammengefügt oder getrennt werden kann. Sie unterliegen vor allen Dingen den Wünschen des Einzelnen oder des nicht notwendiger Weise heterosexuellen und verheirateten Paares. Dieses Phänomen ist in der letzten Zeit als eine absolute Neuheit auf der Bühne der Menschheit aufgetaucht und gewinnt immer weitere Verbreitung. All das hat tiefe Auswirkungen auf die Dynamik der Beziehungen, die Struktur des sozialen Lebens und die Rechtsordnungen, die eingreifen, um zu versuchen, verschiedene Situationen sowie Verfahren zu regulieren, die bereits angewandt werden.

Die Herausforderung für die Seelsorge

(35.) *(11) In diesem Zusammenhang spürt die Kirche die Notwendigkeit, ein Wort der Wahrheit und der Hoffnung zu sagen. Es gilt, von der Überzeugung auszugehen, dass der Mensch von Gott kommt und dass daher ein Nachdenken, das die großen Fragen über die Bedeutung des Menschseins neu stellt, angesichts der tiefen Erwartungen der Menschheit auf fruchtbaren Boden fallen kann. Die großen Werte der christlichen Ehe und Familie entsprechen jener Suche, welche die menschliche Existenz durchzieht, auch in einer von Individualismus und Hedonismus geprägten Zeit. Man muss die Menschen in ihrer konkreten Existenz annehmen, es verstehen, ihnen bei ihrer Suche beizustehen, sie in ihrer Sehnsucht nach Gott und in ihrem Wunsch, sich ganz als Teil der Kirche zu fühlen, ermutigen, auch jene, die eine Erfahrung des Scheiterns gemacht haben oder sich in verzweifelten Situationen befinden. Die christliche Botschaft enthält immer die Wirklichkeit und Dynamik der Barmherzigkeit und der Wahrheit, die in Christus zur Einheit geführt werden.*

(36.) In der Vorbereitung auf das Ehe- und Familienleben müssen die Seelsorger die Pluralität der konkreten Situationen berücksichtigen. Wenn es auf der einen Seite gilt, Maßnahmen zu fördern, welche eine Vorbereitung der Jugendlichen auf die Ehe sicherstellen, kommt es auf der anderen Seite darauf an, diejenigen zu begleiten, die keine neue

Familie gründen und häufig der Ursprungsfamilie verbunden bleiben. Auch die Paare, die keine Kinder bekommen können, müssen von seiten der Pastoral der Kirche eine besondere Aufmerksamkeit erfahren, die ihnen dabei helfen kann, im Dienst der ganzen Gemeinschaft, den Plan Gottes in ihrer Situation zu entdecken.

Es gibt eine große Nachfrage, klarzustellen, dass mit dem Begriff „Fernstehende" nicht etwa Ausgeschlossene oder an den Rand Gedrängte gemeint sind: es handelt sich um Menschen, die von Gott geliebt werden und dem pastoralen Handeln der Kirche am Herzen liegen. Es gilt, einen Blick des Verständnisses für alle zu entwickeln und dabei zu bedenken, dass die tatsächliche Distanz vom kirchlichen Leben nicht immer gewollt ist. Häufig wird diese durch das Verhalten Dritter hervorgerufen oder manchmal auch erlitten.

II. TEIL
DIE UNTERSCHEIDUNG DER GEISTER IM HINBLICK AUF DIE BERUFUNG DER FAMILIE

I. Kapitel
Familie und göttliche Pädagogik

Der Blick auf Jesus und die göttliche Pädagogik in der Heilsgeschichte

(37.) *(12) Wenn wir „wirklich unsere Schritte auf dem Terrain der zeitgenössischen Herausforderungen verifizieren wollen, dann besteht die entscheidende Bedingung darin, den Blick fest auf Jesus Christus gerichtet zu halten, in der Kontemplation und Anbetung seines Antlitzes zu verweilen [...]. Denn jedes Mal, wenn wir zur Quelle der christlichen Erfahrung zurückkehren, dann öffnen sich neue Wege und ungeahnte Möglichkeiten" (Papst Franziskus, Ansprache am 4.Oktober 2014). Jesus hat mit Liebe und Zärtlichkeit auf die Männer und Frauen geblickt, die ihm begegneten; als er die Erfordernisse des Gottesreiches verkündete, hat er ihre Schritte mit Wahrheit, Geduld und Barmherzigkeit begleitet.*

Das Wort Gottes in der Familie

38.) Den Blick auf Jesus zu richten heißt vor allen Dingen, auf Sein Wort zu hören: die Lesung der Heiligen Schrift, nicht nur in der Gemeinschaft, sondern auch in den Häusern, erlaubt es, die Zentralität des Paares und der Familie im Plan Gottes herauszustellen und anzuerkennen, wie Gott in die Konkretheit des Familienlebens eintritt, es schön und lebendig macht.

Ungeachtet verschiedener Initiativen ist jedoch in den katholischen Familien immer noch ein Mangel an direktem Kontakt mit der Bibel festzustellen. In der Familienpastoral ist der zentrale Wert der Begegnung mit Christus zu unterstreichen, die dann wie von selbst entsteht, wenn man in der Bibel verankert ist. Es ist daher vor allem wünschenswert, dass in den Familien zu einem lebendigen Verhältnis zum Wort Gottes ermutigt wird, und zwar dergestalt, dass es zu einer echten personalen Begegnung mit Christus führt. Als Weg, sich der Schrift zu nähern, wird die „lectio divina" empfohlen. Sie stellt eine betende Lektüre des Wortes Gottes dar und ist Quelle der Inspiration für das tägliche Handeln.

Die göttliche Pädagogik

(39.) *(13) Weil die Schöpfungsordnung von der Orientierung auf Christus hin bestimmt ist, müssen wir die verschiedenen Grade unterscheiden, durch die Gott der Menschheit die Gnade seines Bundes vermittelt, ohne sie voneinander zu trennen. Auf Grund der göttlichen Pädagogik, entsprechend der sich die Schöpfungsordnung in aufeinander folgenden Schritten in die Erlösungsordnung verwandelt, muss das Neue am christlichen Ehesakrament in Kontinuität mit der natürlichen Ehe des Anfangs verstanden werden. Auf diese Weise erkennt man die Art des Heilshandelns Gottes, sowohl in der Schöpfung, als auch im christlichen Leben. In der Schöpfung: weil alle durch Christus und auf ihn hin geschaffen wurde (vgl. Kol 1,16), spüren die Christen „mit Freude und Ehrfurcht [...] die Saatkörner des Wortes auf, die in*

ihr verborgen sind. Sie sollen aber auch den tiefgrei-
fenden Wandlungsprozess wahrnehmen, der sich in
diesen Völkern vollzieht" (AG, 11). Im christlichen
Leben: Insofern der Gläubige, vermittelt durch jene
Hauskirche, die seine Familie ist, durch die Taufe in
die Kirche eingefügt wird, tritt er ein in jenen „dy-
namischen Prozess von Stufe zu Stufe entsprechend
der fortschreitenden Hereinnahme der Gaben Got-
tes" (FC, 9), durch die beständige Umkehr zur Liebe,
die von der Sünde erlöst und die Fülle des Lebens
schenkt.

Naturehe und sakramentale Fülle

(40.) Insofern als die natürlichen Gegebenheiten im
Licht der Gnade verstanden werden müssen, darf
nicht vergessen werden, dass die Erlösungsordnung
die Schöpfungsordnung erleuchtet und vollendet.
Die Naturehe ist daher im Licht ihrer sakramentalen Vollendung voll zu erfassen; nur, wenn der
Blick auf Christus gerichtet bleibt, kann man die
Wahrheit der menschlichen Beziehungen wirklich
ergründen. „Tatsächlich klärt sich nur im Geheimnis des fleischgewordenen Wortes das Geheimnis
des Menschen wahrhaft auf. [...] Christus, der neue
Adam, macht eben in der Offenbarung des Geheimnisses des Vaters und seiner Liebe dem Menschen
den Menschen selbst voll kund und erschließt ihm
seine höchste Berufung" (GS, 22). In dieser Perspektive ist es besonders angemessen, die reichen
und vielfältigen natürlichen Eigenschaften der Ehe
christozentrisch zu verstehen.

Jesus und die Familie

(41.) *(14) Jesus selbst bestätigt unter Bezugnahme auf die ursprüngliche Absicht hinsichtlich des menschlichen Paares die unauflösliche Verbindung von Mann und Frau, auch wenn er sagt: „Nur, weil ihr so hartherzig seid, hat Mose erlaubt, eure Frauen aus der Ehe zu entlassen. Am Anfang war das nicht so" (Mt 19,8). Die Unauflöslichkeit der Ehe („Was aber Gott verbunden hat, das darf der Mensch nicht trennen" Mt 19,6) ist nicht vor allem als ein dem Menschen auferlegtes „Joch" zu verstehen, sondern als ein „Geschenk" für die in der Ehe vereinten Menschen. Auf diese Weise zeigt Jesus, wie Gottes Entgegenkommen den Weg der Menschen immer begleitet, die verhärteten Herzen mit seiner Gnade heilt und verwandelt und sie über den Weg des Kreuzes auf ihren Ursprung hin ausrichtet. Aus den Evangelien geht klar das Beispiel Jesu hervor, das für die Kirche ein Paradigma ist. So hat Jesus eine Familie angenommen, hat seine Zeichenhandlungen bei der Hochzeit in Kana begonnen, hat die Botschaft von der Bedeutung der Ehe als Vollendung der Offenbarung verkündet, die den ursprünglichen Plan Gottes wieder herstellt (vgl. Mt 19,3). Doch gleichzeitig hat er die verkündigte Lehre in Taten umgesetzt und so die wahre Bedeutung der Barmherzigkeit dargelebt. Das geht deutlich aus den Begegnungen mit der Samariterin (vgl. Joh 4,1-30) und der Ehebrecherin (vgl. Joh 8,1-11) hervor, in denen Jesus in einer Haltung der Liebe gegenüber dem sündigen Menschen zu Reue und Umkehr führt („geh und sündige von nun an nicht mehr"), den Bedingungen für die Vergebung.*

Die Unauflöslichkeit als Gabe und Aufgabe

(42.) Das Zeugnis von Paaren, welche die christliche Ehe in ihrer Fülle leben, rückt den Wert dieser unauflöslichen Verbindung ins Licht und erweckt das Verlangen, immer neue Wege der ehelichen Treue zu beschreiten. Die Unauflöslichkeit stellt die Antwort des Menschen auf das tiefe Verlangen nach gegenseitiger und dauerhafter Liebe dar: eine Liebe „für immer", die zur Erwählung und Selbsthingabe wird, sowohl der Eheleute aneinander, als auch des Ehepaares an Gott selbst und an diejenigen, die Gott ihnen anvertraut. In dieser Hinsicht ist es wichtig, in der christlichen Gemeinschaft die Jahrestage der Ehen zu feiern, um daran zu erinnern, dass es in Christus möglich und dass es schön ist, für immer zusammen zu leben.

Das Evangelium der Familie stellt ein Lebensideal dar, das die Empfindungen unserer Zeit und die tatsächlichen Schwierigkeiten berücksichtigen muss, Verpflichtungen für immer aufrechtzuerhalten. Hier ist eine Verkündigung angebracht, die Hoffnung gibt und nicht erdrückt: jede Familie soll wissen, dass die Kirche sie auf Grund der „unauflöslichen Verbindung der Geschichte Christi und der Kirche mit der Geschichte der Ehe und der Menschheitsfamilie" nie aufgibt (Franziskus, *Generalaudienz*, 6. Mai 2015).

Der Stil des Familienlebens

43.) Von verschiedenen Seiten wird die Einladung vorgebracht, eine Moral der Gnade zu fördern, welche die Schönheit der Tugenden, die dem Eheleben eigen sind, entdecken lässt und zur Entfaltung bringt. Dazu gehören: wechselseitiger Respekt und Vertrauen, gegenseitige Annahme und Dankbarkeit, Geduld und Vergebung. Auf der Eingangstür zum Familienleben, so sagt Papst Franziskus, „stehen drei Worte geschrieben, die ich schon mehrmals erwähnt habe. Und diese Worte lauten: ‚bitte‘, ‚danke‘, ‚Entschuldigung‘. Denn diese Worte öffnen den Weg zu einem guten Familienleben, um in Frieden zu leben. Es sind einfache Worte, aber sie sind nicht einfach zu praktizieren! Sie beinhalten eine große Kraft: die Kraft, das Haus zu schützen, auch durch zahlreiche Schwierigkeiten und Prüfungen hindurch; ihr Fehlen dagegen öffnet nach und nach Risse, die es sogar zum Einsturz bringen können" (Franziskus, *Generalaudienz*, 13. Mai 2015). Zusammenfassend: das Sakrament der Ehe eröffnet eine Dynamik, welche die Zeiten und die Prüfungen der Liebe, die einer durch die Gnade genährten schrittweisen Reifung bedürfen, einbezieht und unterstützt.

Die Familie im Heilsplan Gottes

(44.) *(15) Die Worte des ewigen Lebens, die Jesus seinen Jüngern hinterlassen hat, schließen die Lehre über Ehe und Familie ein. Diese Lehre Jesu lässt uns den Plan Gottes im Hinblick auf Ehe und Familie in drei grundlegenden Abschnitten erkennen. An seinem Beginn steht die Familie des Anfangs, als der Schöpfergott die ursprüngliche Ehe zwischen Adam und Eva als feste Grundlage der Familie stiftete. Gott hat den Menschen nicht nur als Mann und Frau geschaffen (vgl. Gen 1,27), sondern er hat sie auch gesegnet, damit sie fruchtbar seien und sich vermehren (vgl. Gen 1,28). Deshalb „verlässt der*

*Mann Vater und Mutter und bindet sich an seine
Frau und sie werden ein Fleisch" (Gen 2,24). Diese
Einheit wurde durch die Sünde beschädigt und wurde zur historischen Form der Ehe im Volk Gottes,
dem Mose die Möglichkeit gab, einen Scheidungs-
brief auszustellen (vgl. Dtn 24, 1ff). Dies war in der
Zeit Jesu die übliche Praxis. Mit seiner Ankunft und
mit der durch seinen Erlösertod bewirkten Versöhnung der gefallenen Welt ging die von Mose einge-
leitete Ära zu Ende.*

Einheit und Fruchtbarkeit der Eheleute

(45.) Es wurde unterstrichen, dass die Wertschätzung
der in der Heiligen Schrift enthaltenen Lehre eine
Hilfe sein könnte, um zu zeigen, wie Gott, vom Be-
richt der Genesis an, sein Bild und Gleichnis dem
Menschenpaar eingeprägt hat. In diesem Sinne hat
Papst Franziskus daran erinnert, dass „nicht nur
der Mann als Einzelner betrachtet das Abbild Gottes
ist, dass nicht nur die Frau als Einzelne betrachtet
das Abbild Gottes ist, sondern dass auch Mann und
Frau als Paar Abbild Gottes sind. Der Unterschied
zwischen Mann und Frau dient nicht dem Gegensatz
oder der Unterordnung, sondern der Gemeinschaft
und der Fortpflanzung, stets als Abbild Gottes, ihm
ähnlich" (*Generalaudienz*, 15.April 2015). Einige
heben hervor, dass im Schöpfungsplan die Komple-
mentarität des Vereinigungscharakters der Ehe mit
dem Fruchtbarkeitscharakter eingeschrieben ist:
der Vereinigungscharakter, Frucht eines freien, bewussten und überlegten Konsenses, bereitet auf die
Verwirklichung des Fruchtbarkeitscharakters vor.
Darüber hinaus muss der Zeugungsakt in der Pers-

pektive der verantwortlichen Elternschaft und der Verpflichtung verstanden werden, sich mit Treue der Kinder anzunehmen.

Die Familie, Bild der Dreifaltigkeit

(46.) *(16) Jesus, der alles in sich versöhnt hat, hat Ehe und Familie zu ihrer ursprünglichen Form zurückgeführt (vgl. Mk 10,1-12). Christus hat Ehe und Familie erlöst (vgl. Eph 5,21-32) und nach dem Bild der Heiligsten Dreifaltigkeit, dem Geheimnis, aus dem jede Liebe entstammt, wieder hergestellt. Der eheliche Bund, der in der Schöpfung grundgelegt und in der Heilsgeschichte offenbart wurde, erhält die volle Offenbarung seiner Bedeutung in Christus und in seiner Kirche. Ehe und Familie empfangen von Christus durch die Kirche die notwendige Gnade, um Gottes Liebe zu bezeugen und ein gemeinsames Leben zu leben. Das Evangelium der Familie zieht sich durch die Geschichte der Welt, von der Erschaffung des Menschen nach dem Bild und Gleichnis Gottes (vgl. Gen 1,26-27) bis zur Erfüllung des Geheimnisses des Bundes in Christus am Ende der Zeit mit dem Hochzeitsmahl des Lammes (vgl. Offb 19,9; Johannes Paul II., Katechesen über die menschliche Liebe).*

II. Kapitel
Familie und Leben der Kirche

Die Familie in den Dokumenten der Kirche

(47.) *(17) „Im Verlauf der Jahrhunderte hat es die Kirche nicht an der beständigen und vertieften Lehre über Ehe und Familie fehlen lassen. Eine der höchsten Ausdrucksformen dieses Lehramtes ist vom II. Vatikanischen Konzil in der Pastoralkonstitution Gaudium et Spes vorgelegt worden, die ein ganzes Kapitel der Förderung der Würde von Ehe und Familie widmet (vgl. GS 47-52). Hier ist die Ehe als Gemeinschaft des Lebens und der Liebe definiert worden (vgl. GS 48), wobei die Liebe in die Mitte der Familie gestellt und zugleich die Wahrheit dieser Liebe angesichts der verschiedenen Formen des Reduktionismus, wie sie in der heutigen Kultur gegenwärtig sind, gezeigt wird. Die „wahre Liebe zwischen Mann und Frau" (GS 49) umfasst die gegenseitige Hingabe seiner selbst, und schließt nach dem Plan Gottes auch die sexuelle Dimension und die Affektivität ein und integriert sie (vgl. GS 48-49). Darüber hinaus unterstreicht GS Nr. 48 die Verwurzelung der Brautleute in Christus: Christus, der Herr, „begegnet den christlichen Gatten im Sakrament der Ehe" und bleibt bei ihnen. In der Menschwerdung nimmt Er die menschliche Liebe an, reinigt sie, bringt sie zur Vollendung und schenkt den Brautleuten mit seinem Geist die Fähigkeit, sie zu leben, indem er ihr ganzes Leben mit Glaube, Hoffnung und Liebe durchdringt. Auf diese Weise werden die Brautleute gleichsam geweiht und bauen durch eine eigene Gnade den Leib Christi auf, indem sie so etwas wie eine Hauskirche bilden (vgl. LG 11). Daher schaut die Kirche, um ihr eigenes Geheimnis in Fülle zu verstehen, auf die christliche Familie, die es in unverfälschter Weise darlebt" (IL, 4).*

Die missionarische Dimension der Familie

(48.) Im Licht der Lehre des Konzils und des nachfolgenden Magisteriums wird vorgeschlagen, die missionarische Dimension der Familie als Hauskirche zu vertiefen. Sie ist verwurzelt im Sakrament der Taufe und verwirklicht sich durch die Erfüllung der eigenen Dienstbarkeit innerhalb der christlichen Gemeinschaft. Die Familie ist ihrer Natur nach missionarisch und bringt den eigenen Glauben zum Wachsen, indem sie ihn weitergibt. Um Wege der Wertschätzung der missionarischen Rolle, die ihnen anvertraut ist, beschreiten zu können, ist es dringlich, dass die christlichen Familien ihre Berufung wiederentdecken, das Evangelium mit dem Leben zu bezeugen, ohne das zu verstecken, woran sie glauben. Die Tatsache an sich, familiäre Gemeinschaft zu leben, ist eine Form der missionarischen Verkündigung. Von daher ist es erforderlich, die Familie als Subjekt des pastoralen Handelns zu fördern. Dies geschieht durch einige Formen des Zeugnisses, wie etwa: die Solidarität gegenüber den Armen, die Offenheit für die Verschiedenheit der Personen, die Bewahrung der Schöpfung, der Einsatz für die Förderung des Gemeinwohls ausgehend von der Umgebung, in der man lebt.

Die Familie, Weg der Kirche

(49.) *(18) „Auf der Linie des II. Vatikanischen Konzils hat das päpstliche Lehramt die Lehre über Ehe und Familie vertieft. Besonders Paul VI. hat mit der Enzyklika* Humanae Vitae *das innere Band zwischen der ehelichen Liebe und der Weitergabe des Lebens ins Licht gehoben. Der hl. Johannes Paul II. hat der Familie durch seine Katechesen über die menschliche Liebe, den Brief an die Familien* (Gratissimam Sane) *und vor allem durch das Apostolische Schreiben* Familiaris Consortio *eine besondere Aufmerksamkeit geschenkt. In diesen Dokumenten hat der Papst die Familie als den „Weg der Kirche" bezeichnet und eine Gesamtschau der Berufung des Mannes und der Frau zur Liebe dargeboten. Zugleich hat er die Grundlinien der Familienpastoral und eine Pastoral im Hinblick auf die Gegenwart der Familie in der Gesellschaft vorgelegt. Vor allem hat er, im Zusammenhang mit der „ehelichen Liebe" (vgl. FC 13), die Art und Weise beschrieben, in der die Eheleute in ihrer gegenseitigen Liebe die Gabe des Geistes Christi empfangen und ihre Berufung zur Heiligkeit leben" (IL, 5).*

Das göttliche Maß der Liebe

(50.) *(19) In der Enzyklika* Deus Caritas est *hat Papst Benedikt das Thema der Wahrheit der Liebe zwischen Mann und Frau wieder aufgegriffen, das erst im Licht der Liebe des gekreuzigten Christus vollkommen deutlich wird (vgl. DCE, 2). Der Papst unterstreicht: „Die auf einer ausschließlichen und endgültigen Liebe beruhende Ehe wird zur Darstellung des Verhältnisses Gottes zu seinem Volk und umgekehrt: die Art, wie Gott liebt, wird zum Maßstab menschlicher Liebe"* (DCE, 11). *Darüber hinaus unterstreicht er in der Enzyklika* Caritas in Veritate *die Bedeutung der Liebe als Prinzip des Lebens in der Gesellschaft (vgl. CiV, 44), dem Ort, an dem man die Erfahrung des Gemeinwohls macht"* (IL, 6).

Die Familie im Gebet

(51.) Die Lehre der Päpste lädt dazu ein, ausgehend von der Wiederentdeckung des Gebetes in der Familie und dem gemeinsamen Hören auf das Wort Gottes, aus dem der karitative Einsatz hervorgeht, die spirituelle Dimension des Familienlebens zu vertiefen. Für das Familienleben ist die Wiederentdeckung des Tages des Herrn als Zeichen der tiefen Verwurzelung in der kirchlichen Gemeinschaft von grundlegender Bedeutung. Als Antwort auf die Fragen, die sich aus dem Alltagsleben ergeben, wird darüber hinaus eine pastorale Begleitung vorgeschlagen, um eine inkarnierte Spiritualität der Familie wachsen zu lassen. Es wird für sinnvoll erachtet, dass sich die Familienspiritualität durch starke Glaubenserfahrungen nährt, besonders durch die treue Teilnahme an der Eucharistiefeier, „Quelle und Höhepunkt des ganzen christlichen Lebens" (LG, 11).

Familie und Glaube

(52.) *(20) In der Enzyklika* Lumen Fidei *schreibt Papst Franziskus über den Zusammenhang von Familie und Glauben: „Christus zu begegnen und sich von seiner Liebe ergreifen und führen zu lassen, wei-*

tet den Horizont des Lebens und gibt ihm eine fes-
te Hoffnung, die nicht zugrunde gehen lässt. Der
Glaube ist nicht eine Zuflucht für Menschen ohne
Mut, er macht vielmehr das Leben weit. Er lässt
eine große Berufung entdecken, die Berufung zur
Liebe, und er garantiert, dass diese Liebe verläss-
lich ist und es wert ist, sich ihr zu übereignen, da
ihr Fundament auf der Treue Gottes steht, die stär-
ker ist als all unsere Schwäche" (LF, 53)" (IL, 7).

Katechese und Familie

53.) Viele halten eine Erneuerung der katechetischen
Angebote für die Familien für erforderlich. Diesbezüglich soll man dafür sorgen, dass die Paare in
Zusammenarbeit mit den Priestern, Diakonen und
Gottgeweihten als aktive Subjekte der Katechese
wertgeschätzt werden, besonders wenn es um die
eigenen Kinder geht. Diese Zusammenarbeit ermöglicht es, die Berufung zur Ehe als etwas Wich-
tiges zu betrachten, auf das man sich in einem angemessenen Zeitraum entsprechend vorbereiten
muss. Die Einbeziehung solider christlicher Familien und verlässlicher Seelsorger macht das Zeugnis einer Gemeinschaft, welche sich an die Jugendlichen wendet, die auf die großen Lebensentschei-
dungen hin unterwegs sind, glaubwürdig.

Die christliche Gemeinschaft soll darauf verzich-
ten, eine Serviceagentur zu sein, um vielmehr zu
einem Ort zu werden, an dem die Familien geboren werden, sich begegnen, miteinander auseinandersetzen, im Glauben unterwegs sind und
Wege des Wachstums und des gegenseitigen Aus-
tausches miteinander teilen.

Die Unauflöslichkeit der Ehe und die Freude des Zusammenlebens

(54.) *(21) Das gegenseitige Geschenk, welches für die sakramentale Ehe grundlegend ist, hat seinen Ursprung in der Gnade der Taufe, die den Bund jedes Menschen mit Christus in der Kirche begründet. In der gegenseitigen Annahme und mit der Gnade Christi versprechen sich die Eheleute vollkommene Hingabe, Treue und Offenheit für das Leben. Sie erkennen die Gaben, die Gott ihnen schenkt, als konstitutive Elemente der Ehe an und nehmen ihre gegenseitige Verpflichtung in seinem Namen und gegenüber der Kirche ernst. Im Glauben ist es dann möglich, die Güter der Ehe als Aufgabe anzunehmen, die durch die Gnade des Sakramentes besser erfüllt werden kann. Gott heiligt die Liebe der Eheleute und bestätigt ihre Unauflöslichkeit, indem er ihnen hilft, die Treue, die gegenseitige Ergänzung und die Offenheit für das Leben zu leben. Deshalb blickt die Kirche auf die Eheleute als das Herz der ganzen Familie, die ihrerseits ihren Blick auf Jesus richtet.*

(55.) Die Freude des Menschen ist Ausdruck der vollen Verwirklichung der eigenen Person. Um die Einheit der Freude, die aus der Einheit der Eheleute und aus der Bildung einer neuen Familie entspringt, aufzeigen zu können, ist es angemessen, die Familie als einen Ort persönlicher und ungeschuldeter Beziehungen vorzustellen, die es so in anderen sozialen Gruppen nicht gibt. Das gegenseitige und nicht berechnende Geschenk, das Leben, das geboren wird und der Schutz aller Mitglieder, von den Kleinen zu den Alten, sind

DIE UNTERSCHEIDUNG DER GEISTER ...

nur einige der Aspekte, welche die Familie in ihrer Schönheit einzigartig machen. Es ist wichtig, den Gedanken reifen zu lassen, dass die Ehe eine Wahl für das ganze Leben ist, die unser Dasein nicht begrenzt, sondern es reicher und voller macht, auch in den Schwierigkeiten.

Durch diese Lebensentscheidung baut die Familie die Gesellschaft auf; nicht als die Summe der Bewohner eines Territoriums, oder der Einwohner eines Staates, sondern als echte Erfahrung des Volkes, des Volkes Gottes.

III. Kapitel
Die Familie und der Weg zur Fülle

Das Schöpfungsgeheimnis der Ehe

(56.) *(22) In derselben Perspektive machen wir uns die Lehre des Apostels zu eigen, nach der die ganze Schöpfung in Christus und im Hinblick auf ihn gedacht wurde (vgl. Kol 1,16). So wollte das II. Vatikanische Konzil seine Wertschätzung für die natürliche Ehe und die wertvollen Elemente, die in den anderen Religionen (vgl. NA, 2) und Kulturen, ungeachtet ihrer Grenzen und Unzulänglichkeiten (vgl. RM, 55) vorhanden sind, zum Ausdruck bringen. Das Vorhandensein der „semina Verbi" in den Kulturen (vgl. AG, 11) könnte teilweise auch auf die Realität von Ehe und Familie in vielen Kulturen und bei den Nichtchristen angewandt werden. Es gibt also auch wertvolle Elemente in einigen Formen außerhalb der christlichen Ehe – solange sie auf der dauerhaften und wahrhaftigen Beziehung zwischen Mann und Frau gründen –, die wir in jedem Fall als darauf hin orientiert betrachten. Im Blick auf die menschliche Weisheit der Völker und Kulturen erkennt die Kirche auch diese Familien als notwendige und fruchtbare Grundzellen des menschlichen Zusammenlebens an.*

(57.) Die Kirche ist sich des hohen Profils des Schöpfungsgeheimnisses der Ehe zwischen Mann und Frau bewusst. Daher ist es ihre Absicht, die ursprüngliche Schöpfungsgnade wertzuschätzen, welche die Erfahrung eines ehelichen Bundes umgibt, der ehrlich darauf ausgerichtet ist, dieser ursprünglichen Berufung zu entsprechen und ihre Gerechtigkeit zu leben. Die Ernsthaftigkeit der Übernahme dieses Projektes und der Mut, den dies erfordert, können vor allem heute in besonderer Weise wertgeschätzt werden, zu einer Zeit, in welcher der Wert dieser Inspiration, die alle Bindungen, die in der Familie aufgebaut werden, betrifft, in Zweifel gezogen oder aber tatsächlich zensuriert und ausgeschlossen wird.

So ist auch im Fall, dass die Reifung der Entscheidung, eine sakramentale Ehe anzustreben, von seiten der Zusammenlebenden oder der zivil Verheirateten sich noch in einem anfänglichen, virtuellen Stadium oder aber in einer schrittweisen Annäherung befindet, die Kirche aufgefordert, sich nicht der Aufgabe zu entziehen, diese Entwicklung zu ermutigen und zu unterstützen. Gleichzeitig tut sie ein gutes Werk, wenn sie gegenüber der schon eingegangenen Verpflichtung Wertschätzung und Freundschaft zeigt und darin jene Elemente anerkennt, welche der Schöpfungsabsicht Gottes entsprechen.

Im Hinblick auf die nicht nur in den Missionsgebieten, sondern auch in Ländern mit langer christlicher Tradition steigende Zahl von Familien, denen eine kultusverschiedene Ehe zu Grunde liegt, wird die Notwendigkeit unterstrichen, eine angemessene Seelsorge zu entwickeln.

Wahrheit und Schönheit der Familie und Barmherzigkeit gegenüber den verletzten und schwachen Familien

58.) *(23) Mit innerer Freude und tiefem Trost blickt die Kirche auf die Familien, die den Lehren des Evangeliums treu bleiben. Sie dankt ihnen für ihr Zeugnis und ermutigt sie darin. Durch sie werden die Schön-heit der unauflöslichen Ehe und ihre immer dauern-de Treue glaubwürdig. In der Familie, die man als „Hauskirche" bezeichnen könnte (LG, 11), reift die erste kirchliche Erfahrung der Gemeinschaft unter den Menschen, in der sich durch die Gnade das Ge-heimnis der Heiligsten Dreifaltigkeit spiegelt. „Hier lernt man Ausdauer und Freude an der Arbeit, ge-schwisterliche Liebe, großmütiges, ja wiederholtes Verzeihen und vor allem den Dienst Gottes in Gebet und Hingabe des Lebens" (KKK, 1657). Die Heili-ge Familie von Nazaret ist dafür ein wunderbares Vorbild. In ihrer Schule „verstehen wir, warum wir eine geistliche Disziplin halten müssen, wenn wir der Lehre des Evangeliums Jesu folgen und Jünger Christi werden wollen" (Paul VI. Ansprache in Na-zaret, 5. Januar 1964). Das Evangelium der Familie nährt auch jene Samen, die noch nicht reif sind, und muss jene Bäume pflegen, die ausgedörrt sind und nicht vernachlässigt werden dürfen.*

Das enge Band zwischen Kirche und Familie

(59.) Der Segen und die Verantwortung einer neuen Fa-milie, besiegelt im kirchlichen Sakrament, bringt innerhalb der christlichen Gemeinschaft die Be-reitschaft mit sich, zu Unterstützern und Förderern der allgemeinen Qualität des Bundes zwischen Mann und Frau zu werden: im Bereich der sozialen Bindungen, der Zeugung der Kinder, des Schutzes der Schwächsten, des Gemeinschaftslebens. Diese Bereitschaft erfordert eine Verantwortung, welche das Recht hat, unterstützt, anerkannt und wertge-schätzt zu werden.

In der Kraft des christlichen Sakramentes wird jede Familie im umfassenden Sinn ein Gut für die Kirche, die ihrerseits darum bittet, von seiten der entstehenden Familie als Gut anerkannt zu werden. Aus dieser Perspektive wird für die Kirche heute die demütige Haltung, in ausgeglichenerer Weise diese Gegenseitigkeit des „bonum ecclesiae" anzuerkennen, sicherlich ein wertvolles Geschenk sein: die Kirche ist ein Gut für die Familie, die Familie ist ein Gut für die Kirche. Auf der einen Seite betrifft die Bewahrung des sakramentalen Geschenks von seiten des Herrn die Verantwortung des christlichen Paares, auf der anderen Seite diejenige der christlichen Gemeinschaft; jeder auf die entsprechende Weise. Angesichts der wachsenden, teilweise großen Schwierigkeit, die eheliche Einheit zu schützen, ist eine Unterscheidung erforderlich: die Erfüllung oder die entsprechende Nichterfüllung muss mit Hilfe der Gemeinschaft von seiten der Paare aufrichtig betrachtet werden, mit dem Ziel, zu verstehen, zu bewerten und wieder instandzusetzen, was von beiden Seiten unterlassen oder vernachlässigt wurde.

(60.) *(24) Als verlässliche Lehrerin und fürsorgliche Mutter ist sich die Kirche – obwohl sie anerkennt, dass es für die Getauften kein anderes als das sakramentale Eheband gibt und dass jeder Bruch desselben Gottes Willen zuwiderläuft – auch der Schwäche vieler ihrer Kinder bewusst, die sich auf dem Weg des Glaubens schwer tun. „Daher muss man, ohne den Wert des vom Evangelium vorgezeichneten Ideals zu mindern, die möglichen*

Wachstumsstufen der Menschen, die Tag für Tag aufgebaut werden, mit Barmherzigkeit und Geduld begleiten. [...] Ein kleiner Schritt inmitten großer menschlicher Begrenzungen kann Gott wohlgefälliger sein als das äußerlich korrekte Leben dessen, der seine Tage verbringt, ohne auf nennenswerte Schwierigkeiten zu stoßen. Alle müssen von dem Trost und dem Ansporn der heilbringenden Liebe Gottes erreicht werden, der geheimnisvoll in jedem Menschen wirkt, jenseits seiner Mängel und Verfehlungen" (EG, 44).

Die Familie als Gabe und Aufgabe

(61.) Die Haltung der Gläubigen gegenüber denjenigen, die noch nicht zum Verständnis der Wichtigkeit des Ehesakramentes gelangt sind, drückt sich vor allen Dingen in einer Beziehung der persönlichen Freundschaft aus. Der Andere soll so angenommen werden, wie er ist, ohne ihn zu verurteilen. Auf seine grundlegenden Bedürfnisse soll eine Antwort gefunden und gleichzeitig die Liebe und die Barmherzigkeit Gottes bezeugt werden. Es ist wichtig, das Bewusstsein zu haben, dass alle schwach sind, Sünder, wie die anderen, auch wenn dabei nicht darauf verzichtet werden soll, die Güter und die Werte der christlichen Ehe zu bezeugen. Darüber hinaus ist ein Bewusstsein dafür zu entwickeln, dass die Familie im Plan Gottes keine Verpflichtung, sondern ein Geschenk ist, und dass heute die Entscheidung, das Sakrament einzugehen nicht von vornherein Selbstverständliches ist, sondern ein Reifungsschritt und ein zu erreichendes Ziel.

Helfen, die Fülle zu erreichen

(62.) *(25) Einer pastoralen Herangehensweise entsprechend ist es Aufgabe der Kirche, jenen, die nur zivil verheiratet oder geschieden und wieder verheiratet sind oder einfach so zusammenleben, die göttliche Pädagogik der Gnade in ihrem Leben offenzulegen und ihnen zu helfen, für sich die Fülle des göttlichen Planes zu erreichen. Dem Blick Christi folgend, dessen Licht jeden Menschen erleuchtet (vgl. Joh 1,9; GS, 22), wendet sich die Kirche liebevoll jenen zu, die auf unvollendete Weise an ihrem Leben teilnehmen. Sie erkennt an, dass Gottes Gnade auch in ihrem Leben wirkt und ihnen den Mut schenkt, das Gute zu tun, um liebevoll füreinander zu sorgen und ihren Dienst für die Gemeinschaft, in der sie leben und arbeiten, zu erfüllen.*

(63.) Die christliche Gemeinschaft soll sich gegenüber den Paaren, die sich in Schwierigkeiten befinden, aufnahmebereit zeigen, auch durch die Nähe von Familien, welche die christliche Ehe leben. Die Kirche steht den Paaren zur Seite, die vor dem Risiko einer Trennung stehen, damit sie die Schönheit und die Kraft ihres Ehelebens wiederentdecken können. Im Fall, dass es zu einem schmerzhaften Ende der Beziehung kommt, fühlt sich die Kirche in der Pflicht, diesen Moment des Leidens in einer Weise zu begleiten, dass zwischen den Ehepartnern keine zerstörerischen Gegensätze entstehen und vor allem, damit die Kinder so wenig wie möglich darunter leiden müssen.

Es ist wünschenswert, dass in den Diözesen Angebote geschaffen werden, welche Menschen, die zusammenleben oder nur zivil verbunden sind, schrittweise einbeziehen. Ausgehend von der Zivilehe kann man dann nach einer Zeit der Unterscheidung, die am Ende zu einer wirklich bewussten Entscheidung führt, zur christlichen Ehe gelangen.

(64.) *(26) Die Kirche blickt mit Sorge auf das Misstrauen vieler junger Menschen gegenüber dem Eheversprechen. Sie leidet unter der Voreiligkeit, mit der viele Gläubige sich entscheiden, dem eingegangenen Bund ein Ende zu setzen und einen neuen einzugehen. Diese Gläubigen, die zur Kirche gehören, brauchen eine barmherzige und ermutigende seelsorgliche Zuwendung, wobei die jeweiligen Situationen angemessen zu unterscheiden sind. Die jungen Getauften sollen ermutigt werden, nicht zu zaudern angesichts des Reichtums, den das Ehesakrament ihrem Vorhaben von Liebe schenkt, gestärkt vom Beistand der Gnade Christi und der Möglichkeit, ganz am Leben der Kirche teilzunehmen.*

Die Jugendlichen und die Angst zu heiraten

(65.) Viele Jugendliche haben, auch auf Grund der Fälle zerbrochener Ehen, Angst, angesichts des Projekts Ehe zu scheitern. Es ist daher notwendig, die tieferen Motivationen des Verzichts und der Entmutigung aufmerksamer zu betrachten. Es ist tatsächlich daran zu denken, dass diese Beweggründe in vielen Fällen tatsächlich mit dem Bewusstsein zu tun haben, dass es sich um ein Ziel handelt, das – bei aller Wertschätzung und oft auch Sehnsucht – bei rationaler Einschätzung der eigenen Kräfte oder auf Grund des unüberwindlichen Zweifels be-

züglich der Beständigkeit der eigenen Gefühle un-
angemessen erscheint. Mehr als die Bedenken im
Hinblick auf die Treue und die Stabilität der Liebe,
die Gegenstand der Sehnsucht bleiben, ist es häufig
die Unsicherheit – oder gar die Angst –, sie nicht
garantieren zu können, die zum Verzicht führt. Die
an sich überwindbare Schwierigkeit wird als Be-
weis einer tiefen Unmöglichkeit angesehen. Außer
dem wirken sich manchmal auch Gesichtspunkte
der sozialen Formen oder mit der Feier der Hochzeit verbundene wirtschaftliche Schwierigkeiten
auf die Entscheidung aus, nicht zu heiraten.

(66.) *(27) In diesem Sinn besteht für die heutige Familienpastoral eine neue Dimension darin, der Realität der Zivilehe zwischen Mann und Frau, den Ehen
gemäß älteren kulturellen Bräuchen und – bei aller
gebührenden Unterscheidung – auch den unverhei-
ratet zusammenlebenden Paaren ihre Aufmerksamkeit zu widmen. Wenn eine Verbindung durch ein
öffentliches Band offenkundig Stabilität erlangt,
wenn sie geprägt ist von tiefer Zuneigung, Verantwortung gegenüber den Kindern, von der Fähigkeit,
Prüfungen zu bestehen, kann dies als Anlass gesehen werden, sie auf ihrem Weg zum Ehesakrament
zu begleiten. Doch sehr oft fällt die Entscheidung
für das Zusammenleben ohne jede Absicht einer
institutionellen Bindung und nicht im Hinblick auf
eine mögliche zukünftige Ehe.*

(67.) *(28) In Übereinstimmung mit dem barmherzigen
Blick Jesu muss die Kirche ihre schwächsten Kinder, die unter verletzter und verlorener Liebe leiden,*

aufmerksam und fürsorglich begleiten und ihnen Vertrauen und Hoffnung geben, wie das Licht eines Leuchtturms im Hafen oder einer Fackel, die unter die Menschen gebracht wird, um jene zu erleuchten, die die Richtung verloren haben oder sich in einem Sturm befinden. Im Bewusstsein, dass die größte Barmherzigkeit darin besteht, mit Liebe die Wahrheit zu sagen, geht es uns um mehr als Mitleid. Wie die barmherzige Liebe anzieht und vereint, so verwandelt und erhebt sie auch. Sie lädt zur Umkehr ein. Auf diese Art und Weise verstehen wir auch die Haltung des Herrn, der die Ehebrecherin nicht verurteilt, sondern sie auffordert, nicht mehr zu sündigen (vgl. Joh 8,1-11).

Die Barmherzigkeit ist geoffenbarte Wahrheit

(68.) Für die Kirche geht es darum, von der konkreten Situation der Familien heute auszugehen, die, angefangen von denen, die am meisten leiden, alle der Barmherzigkeit bedürfen. In der Barmherzigkeit leuchtet nämlich die Souveränität Gottes auf, durch die er immer neu seinem Sein, das Liebe ist (1 Joh 4,8), und seinem Bund treu ist. Die Barmherzigkeit ist die Offenbarung der Treue und der Identität Gottes mit sich selbst, und gleichzeitig Aufweis der christlichen Identität. Daher nimmt die Barmherzigkeit nichts von der Wahrheit. Sie selbst ist offenbarte Wahrheit und engstens mit den grundlegenden Wahrheiten des Glaubens – der Menschwerdung, des Todes und der Auferstehung des Herrn – verbunden, und fiele ohne sie ins Nichts. Die Barmherzigkeit ist „die Mitte der Offenbarung Jesu Christi" (MV, 25).

III. TEIL
DIE SENDUNG DER FAMILIE HEUTE

I. Kapitel
Familie und Evangelisierung

Das Evangelium der Familie heute in den unterschiedlichen Kontexten verkünden

(69.) *(29) Der synodale Dialog hat sich mit einigen dringlicheren pastoralen Anliegen befasst, die in Gemeinschaft „cum Petro et sub Petro" der Konkretisierung in den einzelnen Ortskirchen anzuvertrauen sind. Die Verkündigung des Evangeliums der Familie stellt für die neue Evangelisierung eine Dringlichkeit dar. Die Kirche ist dazu aufgerufen, diese Verkündigung mit der Zärtlichkeit einer Mutter und der Klarheit einer Lehrmeisterin (vgl. Eph 4,15) durchzuführen, in Treue zur barmherzigen Entäußerung Christi. Die Wahrheit nimmt in der menschlichen Schwachheit Fleisch an, nicht um sie zu richten, sondern um sie zu retten (vgl. Joh 3,16-17).*

Zärtlichkeit in der Familie – die Zärtlichkeit Gottes

(70.) Zärtlichkeit heißt, mit Freude zu geben und im Anderen die Freude hervorzurufen, sich geliebt zu fühlen. Sie drückt sich in besonderer Weise darin aus, sich den Grenzen des Anderen mit vorzüglicher Achtsamkeit zuzuwenden, besonders dann, wenn diese Begrenzungen offensichtlich hervortreten. Jemand mit Feingefühl und Respekt behandeln bedeutet, Wunden zu heilen und neue Hoffnung zu schenken, damit im Anderen das Vertrauen neu belebt wird. Die Zärtlichkeit in den familiären Beziehungen ist jene alltägliche Tugend, die dabei hilft, innere Konflikte und Konflikte in den Beziehungen zu überwinden. Diesbezüglich lädt uns Papst Franziskus zum Nachdenken ein: „Haben wir den Mut, mit Zärtlichkeit die schwierigen Situationen und die Probleme des Menschen neben uns mitzutragen, oder ziehen wir es vor, sachliche Lösungen zu suchen, die vielleicht effizient sind, aber der Glut des Evangeliums entbehren? Wie sehr braucht doch die Welt von heute Zärtlichkeit! – Geduld Gottes, Nähe Gottes, Zärtlichkeit Gottes" *(Predigt in der Mitternachtsmette,* 24. Dezember 2014).

(71.) *(30) Die Evangelisierung ist eine Verantwortung des ganzen Gottesvolkes, eines jeden nach seinem eigenen Dienst und Charisma. Ohne das freudige Zeugnis der Eheleute und der Familien, der Hauskirchen, läuft die Verkündigung – auch wenn sie korrekt ist – Gefahr, unverständlich zu bleiben oder im Meer der Worte, das unsere Gesellschaft kennzeichnet, unterzugehen (vgl. NMI, 50). Die Synodenväter haben mehrfach unterstrichen, dass die katholischen Familien aus der Kraft der Gnade des Ehesakramentes dazu berufen sind, selbst Subjekte der Familienpastoral zu werden.*

Die Familie, Subjekt der Pastoral

(72.) Die Kirche muss in den Familien einen Sinn kirchlicher Zugehörigkeit wecken, einen Sinn für das „wir", wo keiner ein vergessenes Glied ist. Alle sollen ermutigt werden, die eigenen Fähigkeiten zu entwickeln und das Projekt des eigenen Lebens im

Dienst am Reich Gottes zu verwirklichen. In den kirchlichen Kontext eingebunden, soll jede Familie die Freude der Gemeinschaft mit anderen Familien erfahren, um dem Gemeinwohl der Gesellschaft zu dienen, indem sie auch durch die Nutzung der sozialen Netzwerke und der Medien eine Politik, eine Wirtschaft und eine Kultur im Dienst der Familie fördert.

Es ist wünschenswert, Möglichkeiten zu schaffen, um kleine Gemeinschaften von Familien als lebendige Zeugen der Werte des Evangeliums entstehen zu lassen. Es wird das Bedürfnis verspürt, einige Familien vorzubereiten, auszubilden und in die Verantwortung zu nehmen, um andere Familien dabei begleiten zu können, christlich zu leben. Auch die Familien, die sich für die Mission „ad gentes" zur Verfügung stellen, sollen bedacht und ermutigt werden. Schließlich sei auf die Wichtigkeit hingewiesen, Jugendpastoral und Familienpastoral miteinander zu verbinden.

Die Eheliturgie

(73.) Die Vorbereitung auf die Hochzeit nimmt die Aufmerksamkeit der Brautleute über lange Zeit in Anspruch. Der Feier der Trauung, die vorzugsweise in der Gemeinschaft stattfinden soll, zu der einer oder beide Brautleute gehören, muss die entsprechende Aufmerksamkeit gelten. Dabei soll vor allen Dingen der ihr eigene geistliche und kirchliche Charakter unterstrichen werden. Durch eine herzliche und freudige Teilnahme nimmt die christliche Gemeinschaft, unter Anrufung des Heiligen Geistes, die neue Familie in ihrer Mitte auf, damit sie sich, als Hauskirche, als Teil der größeren kirchlichen Familie empfindet.

Häufig hat der Zelebrant die Gelegenheit, sich an eine Versammlung zu richten, die aus Menschen besteht, die wenig am kirchlichen Leben teilnehmen oder anderen christlichen Bekenntnissen oder religiösen Gemeinschaften angehören. Es handelt sich daher um eine wertvolle Gelegenheit zur Verkündigung des Evangeliums der Familie, die in der Lage sein soll, auch in den anwesenden Familien die Wiederentdeckung des Glaubens und der Liebe, die von Gott kommt, zu wecken. Die Hochzeitsfeier ist auch eine günstige Gelegenheit, viele zur Feier des Sakramentes der Versöhnung einzuladen.

Die Familie, Werk Gottes

(74.) *(31) Es wird entscheidend sein, den Primat der Gnade hervorzuheben und damit die Möglichkeiten, die der Geist im Sakrament schenkt. Es geht darum, erfahrbar zu machen, dass das Evangelium der Familie Freude ist, die „das Herz und das gesamte Leben erfüllt", weil wir in Christus „von der Sünde, von der Traurigkeit, von der inneren Leere und von der Vereinsamung" befreit sind (EG,1). Im Lichte des Gleichnisses vom Sämann (vgl. Mt 13,3-9) ist es unsere Aufgabe, an der Aussaat mitzuarbeiten. Alles andere ist das Werk Gottes. Man darf auch nicht vergessen, dass die Kirche, die über die Familie predigt, Zeichen des Widerspruchs ist.*

(75.) Der Primat der Gnade kommt in seiner Fülle zum Ausdruck, wenn die Familie Rechenschaft über ihren Glauben ablegt und die Eheleute ihre Ehe als

Berufung leben. Diesbezüglich wird vorgeschlagen: das gläubige Zeugnis der christlichen Eheleute zu unterstützen und zu ermutigen; solide Angebote im Hinblick auf das Wachstum der Taufgnade zu machen, vor allem für die Jugendlichen; in Predigt und Katechese eine symbolische, erfahrungsreiche und eingängige Sprache zu verwenden. Hierzu sollen auch entsprechende Kurse für die Seelsorger angeboten werden, damit sie wirklich ihre Adressaten erreichen und sie dazu erziehen können, in einer Haltung beständiger Umkehr die Gegenwart Gottes unter den im Sakrament verbundenen Eheleuten anzuerkennen und anzurufen.

Missionarische Bekehrung und erneuerte Sprache

(76.) *(32) Deshalb ist von der ganzen Kirche eine missionarische Umkehr gefordert: Man darf nicht bei einer rein theoretischen, von den wirklichen Problemen der Menschen losgelösten Verkündigung stehen bleiben. Dabei darf nicht vergessen werden, dass die Krise des Glaubens zu einer Krise der Ehe und der Familie geführt hat und als Konsequenz oft die Weitergabe des Glaubens von den Eltern an die Kinder unterbrochen wurde. Angesichts eines starken Glaubens können sich kulturelle Ansichten, die Familie und Ehe schwächen, nicht durchsetzen.*

(77.) *(33) Damit die Umkehr wirklich an Bedeutung gewinnt, umfasst sie auch die Sprache. Die Verkündigung muss erfahrbar machen, dass das Evangelium der Familie die Antwort auf die tiefsten Erwartungen des Menschen darstellt: Auf seine Würde und auf die vollkommene Verwirklichung in der Gegenseitigkeit, in der Gemeinschaft und in der Fruchtbarkeit. Es geht nicht allein darum, Normen vorzulegen, sondern Werte anzubieten, und damit auf eine Sehnsucht nach Werten zu antworten, die heute selbst in den säkularisiertesten Ländern festzustellen ist.*

(78.) Die christliche Botschaft muss vorzugsweise in einer Sprache verkündet werden, die Hoffnung weckt. Es ist erforderlich, eine klare und einladende, offene Form der Kommunikation zu verwenden, die nicht moralisiert, verurteilt oder kontrolliert sowie Zeugnis für die Morallehre der Kirche ablegt und gleichzeitig gegenüber den Lebensbedingungen der Einzelnen sensibel bleibt.

Da das kirchliche Lehramt im Hinblick auf verschiedene Themen von vielen nicht mehr verstanden wird, spürt man die dringende Notwendigkeit einer Sprache, die in der Lage ist, alle, besonders die Jugendlichen, zu erreichen, um die Schönheit der familiären Liebe zu vermitteln und die Bedeutung von Worten wie Hingabe, eheliche Liebe, Zeugung und Fruchtbarkeit verstehen zu lassen.

Die kulturelle Vermittlung

(79.) Für eine geeignetere Weitergabe des Glaubens scheint eine kulturelle Vermittlung erforderlich, die in der Lage ist, in kohärenter Weise die doppelte Treue zum Evangelium Jesu und zum heutigen Menschen zum Ausdruck zu bringen. Wie der selige Papst Paul VI. lehrte: „Insbesondere uns, den Hirten in der Kirche, ist die Sorge aufgetragen, kühn und umsichtig und zugleich in unbedingter Treue zum Inhalt die geeignetsten und wirksamsten Weisen zur Mitteilung der Botschaft des Evangeliums an die Menschen unserer Zeit neu zu entdecken und in die Tat umzusetzen" (EN, 40).

Heute ist es in besonderer Weise notwendig, den Akzent auf die Bedeutung der frohen und optimistischen Verkündigung der Wahrheit des Glaubens über die Familie zu legen, auch unter Zuhilfenahme von besonderen, in Kommunikation erfahrenen Teams, welche Probleme, die von den heutigen Lebensstilen kommen, entsprechend berücksichtigen können.

Das Wort Gottes, Quelle des geistlichen Lebens für die Familie

80.) *(34) Das Wort Gottes ist Quelle des Lebens und der Spiritualität für die Familie. Die betrachtende Lesung der Heiligen Schrift in Gemeinschaft mit der Kirche muss die Familienpastoral innerlich formen und die Mitglieder der Hauskirche bilden. Das Wort Gottes ist nicht nur eine frohe Botschaft für das Privatleben der Menschen, sondern auch ein Urteilskriterium und ein Licht der Unterscheidung der verschiedenen Herausforderungen, mit denen sich die Eheleute und Familien auseinandersetzen.*

81.) Im Licht des Wortes Gottes, das in den unterschiedlichsten Situationen zur Unterscheidung aufruft, muss die Pastoral bedenken, dass eine für den Dialog offene und von Vorurteilen freie Kommunikation besonders gegenüber denjenigen Katholiken notwendig ist, die im Bereich von Ehe und Familie nicht in voller Übereinstimmung mit der Lehre der Kirche leben oder leben können.

Die Symphonie der Verschiedenheit

(82.) *(35) Zugleich haben viele Synodenväter auf einem positiven Zugang zu den Reichtümern der unterschiedlichen religiösen Erfahrungen bestanden, ohne die Schwierigkeiten zu verschweigen. In diesen unterschiedlichen religiösen Wirklichkeiten und der großen kulturellen Verschiedenheit, welche die Nationen prägt, ist es angemessen, zunächst die positiven Möglichkeiten zu würdigen und in ihrem Licht die Grenzen und Mängel zu bewerten.*

(83.) Ausgehend von der Feststellung der religiösen und kulturellen Pluralität wird gewünscht, dass die Synode das Bild der „Symphonie der Verschiedenheit" bewahrt und schätzt. Es wird hervorgehoben, dass es im Gesamt der Ehe- und Familienpastoral darauf ankommt, die positiven Elemente hervorzuheben, denen man in den verschiedenen religiösen und kulturellen Erfahrungen begegnet und die eine „praeparatio evangelica" darstellen. Durch die Begegnung mit Menschen, die selbst einen bewussten und verantwortlichen Weg hin zu den authentischen Gütern der Ehe eingeschlagen haben, kann man eine echte Zusammenarbeit zur Förderung und Verteidigung der Familie ausbauen.

II. Kapitel
Familie und Bildung
Die Ehevorbereitung
[...]

Die Brautleute auf dem Weg der Vorbereitung zur Ehe führen

(94.) *(39) Die komplexe gesellschaftliche Wirklichkeit und die Herausforderungen, mit denen sich die Familien auseinandersetzen müssen, erfordern einen größeren Einsatz der ganzen christlichen Gemeinde im Hinblick auf die Vorbereitung der Brautleute auf die Ehe. Dazu ist es notwendig, an die Bedeutung der Tugenden zu erinnern. Unter ihnen erweist sich die Keuschheit als wertvolle Voraussetzung für ein echtes Wachstum der zwischenmenschlichen Liebe. Bezüglich dieses Erfordernisses stimmen die Synodenväter darin überein, die Notwendigkeit des Einbezuges der ganzen Gemeinde hervorzuheben und das Zeugnis der Familien selbst zu begünstigen. Ferner sollte die Ehevorbereitung auf dem Weg der christlichen Initiation verankert werden, indem die Verbindung zwischen Ehe und Taufe und den anderen Sakramenten betont wird. Zugleich wurde die Notwendigkeit besonderer Kurse zur unmittelbaren Vorbereitung der Eheschließung betont, die eine wirkliche Erfahrung der Teilnahme am kirchlichen Leben sein sollen und die unterschiedlichen Aspekte des Familienlebens vertiefen.*

(95.) Es wird eine Ausweitung der Themen in den Angeboten der Ehevorbereitung gewünscht, damit diese zu Wegen der Erziehung zum Glauben und zur Liebe werden. Sie müssten den Charakter eines Weges zur Berufungsentscheidung des Einzelnen und des Paares erhalten. Zu diesem Ziel ist es geboten, Synergien zwischen den verschiedenen Bereichen der Seelsorge – Jugend, Familie, Katechese, Bewegungen und Vereinigungen – zu schaffen, die in der Lage sind, diesen Weg der Erziehung kirchlicher werden zu lassen.

Von verschiedenen Seiten wird die Notwendigkeit betont, die Familienpastoral im Rahmen einer Gesamtpastoral zu erneuern, die in der Lage ist, alle Phasen des Lebens mit einer umfassenden Bildung zu umgreifen, welche die Erfahrung und den Wert des Zeugnisses umfasst. Die Ehevorbereitungskurse sollen auch durch verheiratete Paare angeboten werden, die in der Lage sind, die Brautleute vor der Hochzeit und in den ersten Ehejahren zu begleiten, und auf diese Weise die Dienstbereitschaft der Ehe unterstreichen.

Die ersten Jahre des Ehelebens begleiten

(96.) *(40) Die ersten Jahre der Ehe sind ein wesentlicher und heikler Zeitabschnitt, während dessen die Paare im Bewusstsein der Herausforderung und der Bedeutung der Ehe wachsen. Hieraus ergibt sich das Erfordernis einer pastoralen Begleitung, die nach der Feier des Sakramentes fortgesetzt wird (vgl. FC III. Teil). Bei dieser Pastoral ist die Anwesenheit erfahrener Ehepaare von großer Bedeutung. Die Pfarrei wird als der Ort verstanden, an dem erfahrene Paare jüngeren zur Verfügung stehen können, möglicherweise unter Mithilfe von Vereinigungen, kirchlichen Bewegungen und neuen Gemeinschaften.*

Brautleute sollen zu der grundlegenden Haltung ermutigt werden, Kinder als ein großes Geschenk anzunehmen. Dabei gilt es, die Bedeutung der Spiritualität der Familie, des Gebetes und der Teilnahme an der sonntäglichen Eucharistie zu unterstreichen. Die Paare sollen ermutigt werden, sich regelmäßig zu treffen, um das Wachstum des geistlichen Lebens sowie die Solidarität in den konkreten Herausforderungen des Lebens zu fördern. Die Liturgie, Übungen der Frömmigkeit und die Eucharistie für die Familien, vor allem am Hochzeitstag, wurden als wichtig zur Förderung der Evangelisierung durch die Familien erwähnt.

(97.) Nicht selten kommt es in den ersten Ehejahren zu einer gewissen Selbstbezüglichkeit des Paares, die eine Isolierung vom sozialen Kontext mit sich bringt. Aus diesem Grund soll die Gemeinschaft die jungen Eheleute ihre Nähe spüren lassen. Es herrscht die einstimmige Überzeugung, dass das Teilen der Erfahrungen des Ehelebens den neuen Familien dabei hilft, ein stärkeres Bewusstsein für die Schönheit und die Herausforderungen der Ehe reifen zu lassen. Die Festigung eines Beziehungsnetzes zwischen den Paaren und die Schaffung echter Bindungen ist notwendig, um die familiäre Dimension zum Reifen zu bringen. Da es häufig die Bewegungen und kirchlichen Gruppen sind, welche solche Möglichkeiten des Wachstums und der Bildung anbieten und gewährleisten, wird gewünscht, dass man vor allem auf Ebene der Diözese die Anstrengungen vervielfacht, die auf eine beständigen Begleitung der jungen Eheleute ausgerichtet sind.

III. Kapitel
Familie und kirchliche Begleitung

Seelsorge für jene, die in einer Zivilehe oder ohne Trauschein zusammenleben

(98.) *(41) Während die Synode weiterhin die christliche Ehe verkündet und fördert, ermutigt sie zugleich zu einer pastoralen Unterscheidung der Situationen vieler Menschen, die diese Wirklichkeit nicht mehr leben. Es ist wichtig, in einen pastoralen Dialog mit diesen Menschen zu treten, um jene Elemente in ihrem Leben hervorzuheben, die zu einer größeren Offenheit gegenüber dem Evangelium der Ehe in seiner Fülle führen können. Die Hirten müssen jene Elemente erkennen, welche die Evangelisierung und das menschliche und geistliche Wachstum fördern können. Eine neue Sensibilität der heutigen Pastoral besteht darin, jene positiven Elemente zu erfassen, die in Zivilehen und – bei gebührender Unterscheidung – im Zusammenleben ohne Trauschein vorhanden sind. Es ist angebracht, dass wir im Angebot der Kirche, das mit Klarheit die christliche Botschaft verkündet, auch auf die konstitutiven Elemente in jenen Situationen hinweisen, die ihr noch nicht oder nicht mehr entsprechen.*

(99.) Als treue und unauflösliche Einheit zwischen einem Mann und einer Frau, die berufen sind, sich gegenseitig und das Leben anzunehmen, ist das Sakrament der Ehe eine große Gnade für die Menschheitsfamilie. Die Kirche hat die Pflicht und die Sendung, diese Gnade jedem Menschen und in jedem Kontext zu verkünden. Sie muss auch ir

der Lage sein, jene, die in einer Zivilehe oder ohne
Trauschein zusammenleben, bei der schrittweisen
Entdeckung der Samen des Wortes zu begleiten, die
darin verborgen sind, um sie bis hin zur Fülle der
sakramentalen Einheit zu erschließen.

Auf dem Weg zum Ehesakrament

(100.) *(42) Es wurde darauf hingewiesen, dass in vielen
Ländern eine „steigende Zahl von Paaren ad expe-
rimentum zusammenleben, ohne kirchliche oder zi-
vile Trauung" (IL, 81). In einigen Ländern geschieht
dies vor allem in traditionellen Ehen, die unter Familien vereinbart und oft in verschiedenen Stufen
geschlossen werden. In anderen Ländern wächst
hingegen die Zahl derer, die nach einem langen Zusammenleben um die Feier der kirchlichen Trauung
bitten. Das einfache Zusammenleben wird oft auf
Grund der allgemeinen Mentalität gewählt, die sich
gegen Institutionen und endgültige Verpflichtungen
wendet, aber auch in Erwartung einer existentiellen
Sicherheit (Arbeit und festes Einkommen). Schließlich sind die faktischen Verbindungen in anderen
Ländern sehr zahlreich, nicht nur, weil die Werte
der Familie und der Ehe zurückgewiesen werden,
sondern vor allem, weil dort die Heirat aus gesellschaftlichen Gründen als Luxus betrachtet wird, so
dass die materielle Not die Menschen zu solchen
faktischen Verbindungen drängt.*

(101.) *(43) All diese Situationen müssen in konstruktiver Weise angegangen werden, indem versucht
wird, sie in Gelegenheiten für einen Weg hin zur
Fülle der Ehe und der Familie im Licht des Evangeliums zu verwandeln. Es geht darum, sie mit Geduld*

und Feingefühl anzunehmen und zu begleiten. Dabei ist das attraktive Zeugnis authentischer christlicher Familien als Subjekt der Evangelisierung der Familie wichtig.

(102.) Die Entscheidung für die Zivilehe, oder, in anderen Fällen, für das einfache Zusammenleben, hat häufig ihren Grund nicht in Vorurteilen oder Widerständen gegen die sakramentale Verbindung, sondern in kulturellen oder zufälligen Gegebenheiten. In vielen Fällen ist die Entscheidung, zusammenzuleben, Zeichen für eine Beziehung, die strukturiert werden und sich auf eine Perspektive der Fülle hin öffnen will. Dieser Wille, der sich in ein dauerhaftes, verlässliches und für das Leben offenes Band übersetzt, kann als eine Voraussetzung verstanden werden, die in einen Weg des Wachstums, der für die sakramentale Ehe offen ist, veredelt werden: sie ist ein erreichbares Gut und muss als Geschenk verkündet werden, welches das Ehe- und Familienleben bereichert und stärkt, und nicht als schwer zu verwirklichendes Ideal.

(103.) Um dieser pastoraler Notwendigkeit zu begegnen, soll sich die christliche Gemeinschaft, vor allem diejenige vor Ort, darum bemühen, den Stil des Empfangens, der ihr eigen ist, zu stärken. Durch die pastorale Dynamik persönlicher Beziehungen ist es möglich, eine gesunde Pädagogik konkret werden zu lassen, welche, von der Gnade und vom Respekt belebt, die schrittweise Öffnung des Verstandes und des Herzens auf die Fülle des Planes Gottes hin fördert. Die christliche Familie, die mit dem Leben die Wahrheit des Evangeliums bezeugt, spielt in diesem Zusammenhang eine wichtige Rolle.

Die verwundeten Familien heilen (Getrenntlebende, nicht wiederverheiratete Geschiedene, wiederverheiratete Geschiedene, Alleinerziehende)

(104.) *(44) Wenn die Eheleute in ihren Beziehungen Schwierigkeiten begegnen, müssen sie auf die Hilfe und Begleitung der Kirche zählen können. Die Pastoral der Nächstenliebe und der Barmherzigkeit sind darauf ausgerichtet, Menschen wieder aufzurichten und Beziehungen wiederherzustellen. Die Erfahrung zeigt, dass ein großer Prozentsatz der Ehekrisen durch eine angemessene Hilfe und die versöhnende Kraft der Gnade in zufriedenstellender Weise überwunden werden. Vergeben können und Vergebung erfahren ist eine grundlegende Erfahrung des Familienlebens. Die gegenseitige Vergebung der Eheleute erlaubt es, eine Liebe zu erfahren, die für immer ist und nie vergeht (vgl. 1 Kor 13,8). Manchmal fällt es aber dem, der die Vergebung Gottes empfangen hat, schwer, selbst die Kraft zu einer aufrichtigen Vergebung aufzubringen, die den Menschen erneuert.*

Die Vergebung in der Familie

(105.) Aus verschiedenen Gründen ist die Notwendigkeit der Versöhnung im Bereich der familiären Beziehungen eine alltägliche Notwendigkeit. Das den Beziehungen zu den Herkunftsfamilien geschuldete Unverständnis; der Konflikt zwischen verschiedenen verwurzelten Gewohnheiten; unterschiedliche Auffassungen hinsichtlich der Erziehung der Kinder; die Unruhe auf Grund wirtschaftlicher Schwierigkeiten; die Spannung, die durch den Verlust des Arbeitsplatzes entsteht: dies sind einige der Gründe, die gewöhnlich Konflikte hervorrufen. Um sie überwinden zu können, bedarf es der ständigen Bereitschaft, die Gründe des Anderen zu verstehen und sich gegenseitig zu vergeben. Die mühevolle Kunst der Wiederaufrichtung der Beziehung erfordert nicht nur die Unterstützung der Gnade, sondern auch die Bereitschaft, Hilfe von außen zu erbitten. In dieser Hinsicht muss die christliche Gemeinschaft sich als wirklich bereit erweisen.

In den schmerzlichsten Fällen, wie dem der ehelichen Untreue, ist ein wirkliches und eigentliches Wiederaufbauwerk erforderlich, zu dem man bereit sein muss. Ein gebrochener Bund kann wieder neu begründet werden: zu dieser Hoffnung hin muss man sich von der Ehevorbereitung an erziehen.

Im Hinblick auf die Sorge um die verwundeten Menschen und Familien muss an die Bedeutung des Wirkens des Heiligen Geistes und die Notwendigkeit geistlicher, von erfahrenen Seelsorgern begleiteter Wege erinnert werden. Es ist nämlich wahr, dass der Geist, „der von der Kirche „Licht der Herzen" genannt wird, „die Tiefe der menschlichen Herzen" durchdringt und erfüllt. Durch eine solche Bekehrung im Heiligen Geist öffnet sich der Mensch dem Verzeihen" (DeV, 45).

„Der große Fluss der Barmherzigkeit"

(106.) *(45) Auf der Synode wurde die Notwendigkeit mutiger pastoraler Entscheidungen deutlich. Die Synodenväter haben nachdrücklich die Treue zum Evangelium der Familie bekräftigt und anerkannt, dass Trennung und Scheidung stets eine Verwundung darstellen, welche den betroffenen Paaren und den Kindern tiefes Leid zufügt. So sehen die Synodenväter die Dringlichkeit neuer pastoraler Wege, die von der tatsächlichen Realität der Zerbrechlichkeit der Familie ausgehen, im Wissen darum, dass Trennung und Scheidung oft eher mit Schmerz „erlitten", als aus freien Stücken gewählt werden. Es handelt sich um unterschiedliche Situationen sowohl auf Grund persönlicher als auch kultureller und sozioökonomischer Faktoren. Das verlangt einen differenzierten Blick, wie es der hl. Johannes Paul II. empfohlen hat (vgl. FC, 84).*

(107.) Sich der verwundeten Familien annehmen und sie die unendliche Barmherzigkeit Gottes erfahren lassen, wird von allen als grundlegendes Prinzip anerkannt. Die Haltung gegenüber den betroffenen Personen ist jedoch differenziert. Auf der einen Seite gibt es die, die es für notwendig halten, diejenigen, die in nichtehelichen Gemeinschaften leben, zu ermutigen, den Weg der Umkehr einzuschlagen. Auf der anderen Seite gibt es diejenigen, die diese Menschen unterstützen, indem sie sie einladen, nach vorne zu schauen, aus dem Gefängnis der Wut, der Enttäuschung, des Schmerzes und der Einsamkeit auszubrechen, um sich wieder auf den Weg zu machen. Sicherlich, so sagen andere, erfordert diese Kunst der Begleitung eine umsichtige und barmherzige Unterscheidung, sowie die Fähigkeit, im Konkreten die Verschiedenheit der einzelnen Situationen wahrzunehmen.

(108.) Es darf nicht vergessen werden, dass die Erfahrung des Scheiterns in der Ehe immer eine Niederlage für alle ist. Daher hat jeder, nachdem er sich seiner eigenen Verantwortung bewusst geworden ist, das Bedürfnis, Vertrauen und Hoffnung wieder zu finden. Alle müssen Barmherzigkeit geben und erhalten. In jedem Fall muss Gerechtigkeit gegenüber allen Beteiligten am Scheitern der Ehe (Eheleute und Kinder) hergestellt werden.

Die Kirche hat die Pflicht, die getrennten Eheleute zu bitten, sich mit Respekt und Barmherzigkeit zu behandeln, vor allem um des Wohles der Kinder willen, die nicht weiterem Leid ausgesetzt werden sollen. Einige halten es für erforderlich, dass auch die Kirche eine ähnliche Haltung denen gegenüber einnimmt, die den Bund gebrochen haben. „Aus dem Herzen der Dreifaltigkeit, aus dem tiefsten Inneren des göttlichen Geheimnisses entspringt und quillt ununterbrochen der große Strom der Barmherzigkeit. Diese Quelle kann niemals versiegen, seien es auch noch so viele, die zu ihr kommen. Wann immer jemand das Bedürfnis verspürt, kann er sich ihr nähern, denn die Barmherzigkeit Gottes ist ohne Ende" (MV, 25).

Die Kunst der Begleitung

(109.) *(46) Jede Familie muss vor allem mit Respekt und Liebe angehört werden, indem man sich zum Weggefährten macht, wie Christus mit den Jüngern auf dem Weg nach Emmaus. Für diese Situationen gelten in besonderer Weise die Worte von Papst Franziskus: „Die Kirche wird ihre Glieder − Priester, Ordensleute und Laien − in diese ‚Kunst der Beglei-*

tung' einführen müssen, damit alle stets lernen, vor
dem heiligen Boden des anderen sich die Sandalen
von den Füßen zu streifen (vgl. Ex3,5). Wir müssen
unserem Wandel den heilsamen Rhythmus der Zu-
wendung geben, mit einem achtungsvollen Blick
voll des Mitleids, der aber zugleich heilt, befreit
und zum Reifen im christlichen Leben ermuntert"
(EG, 169).

(110.) Viele haben die Bezugnahme der Synodenväter auf das Bild Jesu, der sich mit den Jüngern
auf den Weg nach Emmaus macht, geschätzt. Als
Weggefährte den Familien nahe sein bedeutet für
die Kirche, eine weise und differenzierte Haltung
einzunehmen. Manchmal ist es gut, da zu sein und
schweigend zuzuhören; ein andermal, vorauszuge-
hen und den Weg zu zeigen, den es zu gehen gilt;
wieder ein anderes Mal, zurückzubleiben, um zu
unterstützen und zu ermutigen. In einer affektiven
Teilnahme macht sich die Kirche die Freuden und
die Hoffnungen, die Schmerzen und die Ängste jeder Familie zu eigen.

(111.) Es wird darauf hingewiesen, dass in diesem Bereich der Familienpastoral die größte Unterstützung von seiten der Bewegungen und der kirchlichen Vereinigungen angeboten wird, innerhalb derer die Gemeinschaftsdimension stärker unterstrichen und gelebt wird. Gleichzeitig ist es wichtig,
auch die Priester für diesen Dienst der Tröstung
und der Heilung besonders vorzubereiten. Von
verschiedenen Seiten kommt die Einladung, spe-
zialisierte Zentren einzurichten, in denen Priester
und/oder Ordensleute lernen können, sich der Fa-

milien, besonders der verletzten, anzunehmen und sich darum zu bemühen, ihren Weg in der christlichen Gemeinschaft, welche nicht immer darauf vorbereitet ist, diese Aufgabe in entsprechender Weise zu unterstützen, zu begleiten.

Die Getrennten und die Geschiedenen, die dem Bund treu bleiben

(112.) *(47) Ein besonderes Urteilsvermögen ist unerlässlich, um die Getrenntlebenden, die Geschiedenen und die Verlassenen pastoral zu begleiten. Vor allem muss das Leid derer angenommen und geachtet werden, die ungerechter Weise Trennung oder Scheidung erlitten haben, die verlassen wurden oder wegen Misshandlungen des Ehepartners gezwungen waren, das Zusammenleben aufzugeben. Die Vergebung des erlittenen Unrechts ist nicht einfach, sie ist aber ein Weg, den die Gnade möglich macht. Hieraus ergibt sich die Notwendigkeit einer Pastoral der Versöhnung und der Mediation, auch durch besondere Beratungsstellen, die in den Diözesen einzurichten sind. In gleicher Weise muss stets betont werden, dass es unerlässlich ist, sich in aufrichtiger und konstruktiver Weise um die Folgen der Trennung oder der Scheidung für die Kinder zu kümmern, die in jedem Fall unschuldige Opfer der Situation sind. Sie dürfen nicht zum „Streitobjekt" werden; stattdessen gilt es, die besten Wege zu finden, damit sie das Trauma der familiären Spaltung überwinden und möglichst unbeschwert aufwachsen können. In jedem Fall wird die Kirche immer das Unrecht hervorheben müssen, das sehr oft aus der Situation der Scheidung entsteht. Eine besonde-*

*re Aufmerksamkeit gilt der Begleitung der Allein-
erziehenden. Vor allem müssen Frauen unterstützt
werden, die allein die Verantwortung für den Haushalt und die Kindererziehung zu tragen haben.*

Gott verlässt uns nie

(113.) Von verschiedenen Seiten wird darauf hingewiesen, dass die barmherzige Haltung gegenüber
denen, deren eheliche Beziehung zerbrochen ist,
es erfordert, die verschiedenen subjektiven und
objektiven Aspekte, welche die Trennung herbei-
geführt haben, zu beachten. Viele Stimmen heben
hervor, dass das Drama der Trennung oft am Ende
einer langen Zeit von Konflikten steht, welche, im
Fall, dass Kinder da sind, noch größeres Leiden
hervorgerufen haben. Hinzu kommt die zusätzliche
Prüfung der Einsamkeit, in der sich derjenige Ehepartner wiederfindet, der verlassen wurde, oder der
die Kraft hatte, ein Zusammenleben zu unterbre-
chen, das vom Erleiden beständiger und schwerer
Misshandlungen gekennzeichnet war. Es handelt
sich um Situationen, bezüglich derer von seiten der
christlichen Gemeinschaft eine besondere Sorge erwartet wird, besonders im Hinblick auf die Alleinerziehenden, bei denen zuweilen auf Grund einer
unsicheren Arbeitssituation, der Schwierigkeit, die
Kinder zu unterhalten, oder des Fehlens einer Woh-
nung, wirtschaftliche Probleme entstehen.

Der Situation derer, die keine neue Beziehung eingehen, sondern dem Bund treu bleiben, gebührt
alle Wertschätzung und Unterstützung von seiten
der Kirche, welche die Pflicht hat, ihnen das An-
gesicht Gottes zu zeigen, der uns niemals verlässt

und immer in der Lage ist, Kraft und Hoffnung zu schenken. [...]

Die Integration der zivil wiederverheiratet Geschiedenen in die christliche Gemeinschaft

(120.) *(51) Auch die Lebenssituationen der wiederverheirateten Geschiedenen verlangen eine aufmerksame Unterscheidung und von großem Respekt gekennzeichnete Begleitung, die jede Ausdrucksweise und Haltung vermeidet, die sie als diskriminierend empfinden könnten. Stattdessen sollte ihre Teilnahme am Leben der Gemeinschaft gefördert werden. Diese Fürsorge bedeutet für das Leben der christlichen Gemeinschaft keine Schwächung ihres Glaubens und ihres Zeugnisses im Hinblick auf die Unauflöslichkeit der Ehe. Im Gegenteil, sie bringt gerade in dieser Fürsorge ihre Nächstenliebe zum Ausdruck.*

(121.) Von verschiedenen Seiten wird gefordert, dass die Aufmerksamkeit und Begleitung im Hinblick auf die zivil wiederverheiratet Geschiedenen auf deren immer bessere Integration in das Leben der christlichen Gemeinschaft ausgerichtet sein soll, wobei die Unterschiedlichkeit ihrer Ausgangssituationen zu berücksichtigen ist. Ohne an den Vorschlägen in *Familiaris Consortio* 84 etwas ändern zu wollen, müssen die bisher praktizierten Formen des Ausschlusses im liturgisch-pastoralen, im erzieherischen und im karitativen Bereich überdacht werden. Insofern, als sich diese Gläubigen nicht außerhalb der Kirche befinden, wird vorgeschlagen, über die Angemessenheit dieser Ausschlüsse nachzudenken. Immer in der Absicht, ihre bessere

Integration in die christliche Gemeinschaft zu fördern, geht es darüber hinaus darum, vor dem Hintergrund der Unersetzbarkeit der erzieherischen Rolle der Eltern im Sinne des vorrangigen Interesse des Minderjährigen, ihren Kindern besondere Aufmerksamkeit zuzuwenden.

Es ist gut, wenn diesen Wegen der pastoralen Integration der zivil wiederverheiratet Geschiedenen eine entsprechende Unterscheidung der Hirten hinsichtlich der Unumkehrbarkeit der Situation und des Glaubenslebens des Paares in der neuen Verbindung vorausgeht, und sie von einer Sensibilisierung der christlichen Gemeinschaft im Hinblick auf die Aufnahme der Betroffenen begleitet werden. Sie sollen sich entsprechend dem Gesetz der Gradualität vollziehen (vgl. FC,34) und die Reifung der Gewissen respektieren.

Der Bußweg

(122.) *(52) Es wurde über die Möglichkeit nachgedacht, wiederverheiratete Geschiedene zum Sakrament der Buße und der Eucharistie zuzulassen. Mehrere Synodenväter haben auf Grund der konstitutiven Beziehung zwischen der Teilnahme an der Eucharistie und der Gemeinschaft mit der Kirche und ihrer Lehre über die Unauflöslichkeit der Ehe auf der derzeitigen Regelung bestanden. Andere haben sich für eine nicht zu verallgemeinernde Zulassung an den Tisch der Eucharistie ausgesprochen – und zwar in einigen besonderen Situationen und unter genau festgelegten Voraussetzungen, vor allem wenn es sich um unumkehrbare Fälle handelt, die mit moralischen Verpflichtungen gegenüber den Kindern einhergehen, die ungerechtem*

Leid ausgesetzt würden. Einem möglichen Zugang zu den Sakramenten müsste unter der Verantwortung des Diözesanbischofs ein Weg der Buße vorausgehen. Diese Frage gilt es aber noch zu vertiefen, wobei die Unterscheidung zwischen einem objektiven Zustand der Sünde und mildernden Umständen genau zu bedenken ist, da „die Anrechenbarkeit einer Tat und die Verantwortung für sie [...] durch [...] psychische oder gesellschaftliche Faktoren gemindert, ja sogar aufgehoben sein" könnte (KKK, 1735).

(123.) Um das angesprochene Thema angehen zu können, gibt es im Hinblick auf die zivil wiederverheirateten Geschiedenen, welche unwiderruflich in einer neuen Partnerschaft leben, bezüglich der Idee eines Prozesses der Versöhnung oder eines Bußweges unter der Autorität des Bischofs eine gewisse Übereinstimmung. Unter Bezugnahme auf *Familiaris Consortio* 84 wird ein Prozess der Bewusstwerdung bezüglich des Scheiterns und der Wunden, die es hervorgerufen hat, vorgeschlagen. Dieser Prozess umfasst die Reue, die Überprüfung der möglichen Ungültigkeit der Ehe, die Verpflichtung zur geistlichen Kommunion und die Entscheidung, enthaltsam zu leben.

Andere verstehen unter einem Bußweg einen von einem dazu beauftragten Priester begleiteten Prozess der Klärung und der Neuausrichtung nach dem erlebten Scheitern. Dieser Prozess sollte die Betroffenen zu einem ehrlichen Urteil über die eigene Situation führen. Dabei kann auch der Priester selbst seine Einschätzung reifen lassen, um situationsgerecht die Vollmacht zum Binden und zum Lösen zu gebrauchen.

Einige schlagen vor, zur Vertiefung im Hinblick auf die objektive Situation der Sünde und die moralische Zurechenbarkeit zwei Dokumente zu beachten: das Schreiben der Kongregation für die Glaubenslehre *an die Bischöfe der Katholischen Kirche über den Kommunionempfang von wiederverheirateten geschiedenen Gläubigen* (14. September 1994) und die *Erklärung über die Möglichkeit der Zulassung wiederverheirateter Geschiedener zur Kommunion* des Päpstlichen Rates für die Gesetzestexte (24. Juni 2000).

Die geistliche Teilnahme an der kirchlichen Gemeinschaft

(124.) *(53) Einige Synodenväter waren der Ansicht, dass wiederverheiratete oder mit einem Partner zusammenlebende Geschiedene in fruchtbarer Weise an der geistlichen Kommunion teilhaben können. Andere Synodenväter stellten daraufhin die Frage, warum sie dann keinen Zugang zur sakramentalen Kommunion erhalten könnten. Es wird also eine Vertiefung dieser Thematik gefordert, um so die Eigenart der beiden Formen und ihre Verbindung zur Ehetheologie herauszuarbeiten.*

(125.) Der mit der Taufe begonnene kirchliche Weg der Einverleibung in Christus ereignet sich auch für die geschiedenen Gläubigen, die zivil wiederverheiratet sind, schrittweise und vermittels einer ständigen Bekehrung. In diesem Prozess gibt es verschiedene Möglichkeiten, mittels derer sie eingeladen sind, ihr Leben dem Herrn Jesus gleich zu gestalten, der sie mit seiner Gnade in der Gemeinschaft der Kirche bewahrt. Wie von *Familiaris*

Consortio 84 vorgeschlagen, werden unter diesen Formen der Teilhabe das Hören auf das Wort Gottes, die Teilnahme an der Eucharistiefeier, die Beständigkeit im Gebet, die Werke der Nächstenliebe, die gemeinschaftlichen Aktivitäten im Bereich der Gerechtigkeit, die Glaubenserziehung der Kinder und der Geist der Buße empfohlen. All dies wird vom Gebet und vom einladenden Zeugnis der Kirche unterstützt. Frucht dieser Teilnahme ist die Gemeinschaft des Gläubigen mit der ganzen Gemeinschaft als Ausdruck der wirklichen Einverleibung in den Leib Christi. Was die geistliche Kommunion angeht, muss darauf hingewiesen werden, dass sie die Umkehr und den Stand der Gnade voraussetzt und mit der sakramentalen Kommunion in Zusammenhang steht.

Mischehen und interreligiöse Ehen

(126.) *(54) Die Probleme bezüglich der Mischehen kamen in den Beiträgen der Synodenväter immer wieder zur Sprache. Die Verschiedenheit des Eherechts der orthodoxen Kirche führt in einigen Zusammenhängen zu Problemen, über die in der Ökumene nachgedacht werden muss. Analog wird für interreligiöse Ehen der Beitrag des interreligiösen Dialogs bedeutsam.*

(127.) Die Mischehen und die interreligiösen Ehen bringen verschiedene kritische Aspekte mit sich, die nicht einfach gelöst werden können. Dies gilt nicht so sehr für die normative als vielmehr für die pastorale Ebene. Zum Beispiel sei auf die Problematik der religiösen Kindererziehung hingewiesen; die Teilnahme des Ehepartners am liturgischen

Leben, wenn es sich um eine Mischehe mit einem in einer anderen christlichen Konfession getauften Partner handelt; das Teilen geistlicher Erfahrungen mit einem Partner, der einer anderen Religion angehört oder ungläubig und auf der Suche ist. Es wäre daher angemessen, einen Kodex guten Verhaltens zu erarbeiten, damit nicht ein Ehepartner zum Hindernis auf dem Glaubensweg des anderen wird. Mit dem Ziel, die Verschiedenheit hinsichtlich des Glaubens konstruktiv anzugehen, ist es daher erforderlich, den Menschen, die sich in solchen Ehen verbinden, besondere Aufmerksamkeit zu schenken – nicht nur in der Zeit vor der Eheschließung.

(128.) Einige schlagen vor, dass die Mischehen als Fälle „schwerer Not" zu betrachten sind, in denen es möglich ist, außerhalb der vollen Gemeinschaft mit der Katholischen Kirche, in Gemeinschaften, welche mit ihr den Glauben an die Eucharistie teilen, Getauften, bei Ermangelung eigener Hirten zum Empfang dieses Sakramentes zuzulassen (vgl. EdE,45-46; Päpstlicher Rat zur Förderung der Einheit der Christen, *Direktorium zur Ausführung der Prinzipien und Normen über den Ökumenismus,* 25. März 1993,122-128), wobei die eigenen Kriterien der kirchlichen Gemeinschaft zu beachten sind, zu der sie gehören. [...]

IV. Kapitel
Familie, Zeugung, Erziehung

Die Weitergabe des Lebens und die Herausforderung des Geburtenrückgangs

(133.) *(57) Es ist nicht schwer, festzustellen, dass sich eine Mentalität ausbreitet, welche die Weitergabe des Lebens auf eine Variable in der Planung eines Einzelnen oder eines Paares verkürzt. Die wirtschaftlichen Faktoren üben manchmal ein entscheidendes Gewicht aus und tragen zum starken Geburtenrückgang bei, der das soziale Netzwerk schwächt, die Beziehungen unter den Generationen beeinträchtigt und den Blick in die Zukunft unsicher macht. Die Offenheit für das Leben ist ein Erfordernis, das der eheliche Liebe innewohnt. In diesem Licht unterstützt die Kirche die Familien, die behinderte Kinder aufnehmen, erziehen und mit ihrer Liebe umfangen.*

(134.) Es wurde darauf aufmerksam gemacht, dass weiterhin die Dokumente des Lehramtes der Kirche bekanntzumachen sind, welche angesichts einer immer verbreiteteren Kultur des Todes die Kultur des Lebens fördern. Die Wichtigkeit einiger Zentren, die Untersuchungen über die menschliche Fruchtbarkeit und Unfruchtbarkeit anstellen, welche den Dialog zwischen katholischen Bioethikern und den Wissenschaftlern aus dem Bereich der biomedizinischen Technologie erleichtern, wird unterstrichen. Die Familienpastoral sollte die katholischen Spezialisten im Bereich der Biomedizin stärker in die Angebote zur Ehevorbereitung und bei der Begleitung der Ehepaare einbeziehen.

(135.) Es ist dringend erforderlich, dass die in der Politik engagierten Christen im Hinblick auf die Förderung und Verteidigung des Lebens angemessene und verantwortliche Gesetzesvorhaben fördern. So wie sich die Stimme der Kirche auf sozialpolitischer Ebene zu diesen Themen vernehmen lässt, ist es notwendig, dass die Anstrengungen vervielfacht werden, um in Übereinstimmung mit den internationalen Organismen und den politischen Entscheidungsträgern zu kommen, mit dem Ziel, den Respekt für das menschliche Leben von der Empfängnis bis zu seinem natürlichen Ende zu fördern, wobei den Familien mit Kindern mit besonderen Bedürfnissen besondere Aufmerksamkeit zu schenken ist.

Die Verantwortung im Bereich der Zeugung

(136.) *(58) Auch auf diesem Gebiet muss man davon ausgehen, was die Menschen sagen, und die Schönheit und Wahrheit einer vorbehaltlosen Offenheit gegenüber dem Leben als das darstellen und begründen, dessen die menschliche Liebe bedarf, um in ihrer Fülle gelebt zu werden. Auf diese Grundlage kann sich eine angemessene Lehre über die natürlichen Methoden für eine verantwortliche Fortpflanzung stützen. Sie verhilft dazu, die Gemeinschaft unter den Ehepartnern in all ihren Dimensionen und mit generativen Verantwortung harmonisch und bewusst zu leben. Es gilt, die Botschaft der Enzyklika Humanae Vitae Papst Pauls VI. wiederzuentdecken, die hervorhebt, dass bei der moralischen Bewertung der Methoden der Geburtenregelung die Würde der Person respektiert werden muss. Die Adoption verwaister und vernachlässigter Kinder ist eine besondere Form des*

Familienapostolates (vgl. AA, 11), worauf das Lehr-
amt mehrfach hingewiesen und wozu es ermutigt hat
(vgl. FC, 41; EV, 93). Die Entscheidung zur Adoption
oder Pflegschaft bringt eine besondere Fruchtbarkeit
der ehelichen Erfahrung zum Ausdruck, nicht nur,
wenn sie von Unfruchtbarkeit gekennzeichnet ist.
Eine solche Entscheidung ist ein eindrucksvolles Zei-
chen der familiären Liebe. Sie erlaubt es, den eigenen
Glauben zu bezeugen und denen die Würde des Kind-
seins zurückzugeben, die sie verloren haben.

(137.) Angesichts des in *Humanae Vitae* enthaltenen Reichtums an Weisheit ergeben sich im Hinblick auf die in ihr behandelten Fragen zwei Pole,
die beständig miteinander zu verbinden sind: Auf
der einen Seite die Rolle des Gewissens, das als
Stimme Gottes verstanden wird, die im menschlichen Herzen widerhallt, das dazu erzogen ist, auf
sie zu hören; auf der anderen Seite die objektive
moralische Anweisung, welche es verbietet, die
Zeugung als etwas zu verstehen, über das willkür-
lich, unabhängig vom göttlichen Plan zur menschlichen Fortpflanzung, entschieden werden kann.
Wenn die Bezugnahme auf den subjektiven Pol
vorherrscht, riskiert man leicht egoistische Entscheidungen; im andern Fall wird die moralische
Norm als eine untragbare Last erlebt, die nicht den
Erfordernissen und der Möglichkeit des Menschen
entspricht. Die Zusammenführung der beiden Aspekte, die mit der Begleitung eines kompetenten
geistlichen Führers gelebt wird, könnte den Eheleuten dabei helfen, Entscheidungen zu treffen,
die zutiefst menschlich sind und dem Willen des
Herrn entsprechen.

Adoption und Pflegschaft

(138.) Viele haben darum gebeten, die Bedeutung der Adoption und der Pflegschaft besser hervorzuheben, wenn es darum geht, vielen verlassenen Kindern eine Familie zu geben. Diesbezüglich wird die Notwendigkeit hervorgehoben, zu unterstreichen, dass die Erziehung eines Kindes genauso wie die Zeugung auf der sexuellen Differenz gründen muss. Auch sie hat also ihre Grundlage in der ehelichen Liebe zwischen einem Mann und einer Frau, welche die unerlässliche Basis für eine umfassende Bildung des Kindes darstellt.

Gegenüber den Situationen, in denen ein Kind sozusagen „für mich selbst" gewollt ist, egal auf welche Weise – so, als ob es sich um eine Verlängerung der eigenen Wünsche handelte – lassen die recht verstandene Adoption und Pflegschaft einen wichtigen Aspekt der Elternschaft und des Kindseins deutlich werden, insofern sie dabei helfen, anzuerkennen, dass die Kinder, seien sie ehelich oder adoptiert oder in Pflegschaft, „etwas von mir Verschiedenes" sind und dass sie angenommen und geliebt werden sollen, dass man sich um sie kümmern muss und sie nicht einfach „in die Welt setzt".

Von diesen Voraussetzungen ausgehend sollen Adoption und Pflegschaft auch innerhalb der Theologie von Ehe und Familie wertgeschätzt und vertieft werden.

Das menschliche Leben als unberührbares Geheimnis

(139.) *(59) Es gilt, auch im Band der Ehe die Affektivität als Weg der Reifung zu leben, in der immer tie-*

feren Annahme des Anderen und einer immer voll-
kommeneren Hingabe. In diesem Zusammenhang
muss die Notwendigkeit bekräftigt werden, Wege
der Bildung anzubieten, die das eheliche Leben
stärken. Daneben braucht es Laien, die durch ihr
lebendiges Zeugnis Begleitung anbieten. Eine große
Hilfe ist dabei das Beispiel einer treuen und tiefen
Liebe, die geprägt ist von Zärtlichkeit und Achtung,
die fähig ist, mit der Zeit zu wachsen, und die in
ihrer konkreten Offenheit gegenüber der Weitergabe des Lebens die Erfahrung eines Geheimnisses
macht, das uns übersteigt.

(140.) Das Leben ist Geschenk Gottes und ein Geheimnis, das uns übersteigt. Daher dürfen weder
sein Beginn noch sein Ende auf irgendeine Weise
„verworfen" werden. Im Gegenteil ist es notwendig, diesen Phasen eine besondere Aufmerksamkeit zu sichern. Es kommt heute allzu leicht vor,
dass „der Mensch an sich wie ein Konsumgut
betrachtet wird, das man gebrauchen und dann
wegwerfen kann. Wir haben die ‚Wegwerfkultur'
eingeführt, die sogar gefördert wird" (EG, 53).
Diesbezüglich ist es Aufgabe der Familie, die dabei von der ganzen Gesellschaft zu unterstützen
ist, das werdende Leben anzunehmen und sich
um die letzte Lebensphase zu sorgen.

(141.) Im Hinblick auf das Drama der Abtreibung bestätigt die Kirche vor allem den heiligen und unver-
letzbaren Charakter des menschlichen Lebens und
sie setzt sich konkret zu seinen Gunsten ein. Dank
ihrer Einrichtungen bietet sie den Schwangeren
Beratung, unterstützt die minderjährigen Mütter,
steht verlassenen Kindern bei und ist denen nahe,

DIE SENDUNG DER FAMILIE HEUTE

die eine Fehlgeburt erlitten haben. Denjenigen, die im Gesundheitswesen arbeiten, wird die moralische Pflicht der Verweigerung aus Gewissensgründen in Erinnerung gerufen.

In gleicher Weise fühlt die Kirche nicht nur die Dringlichkeit, das Recht auf einen natürlichen Tod zu bekräftigen, sowie therapeutischen Übereifer und Euthanasie zu vermeiden, sondern sie nimmt sich auch der Alten an, beschützt die Menschen mit Behinderung, steht den unheilbar Kranken bei und tröstet die Sterbenden.

Die Herausforderung der Erziehung und die Rolle der Familie bei der Evangelisierung

(142.) *(60) Eine der grundlegenden Herausforderungen, vor der die heutigen Familien stehen, ist sicherlich die Erziehung, welche durch die aktuelle kulturelle Wirklichkeit und den großen Einfluss der Medien noch anspruchsvoller und komplexer gemacht wird. Dabei gilt es, die Bedürfnisse und Erwartungen der Familie gebührend zu berücksichtigen, die in der Lage sind, im Alltag Orte des Wachstums und der konkreten und grundlegenden Weitergabe jener Tugenden zu sein, die dem Dasein Gestalt verleihen. Das bedeutet, dass Eltern die Freiheit haben müssen, ihren Kindern die Art von Erziehung zu vermitteln, die ihren Überzeugungen entspricht.*

(143.) Es herrscht einstimmiger Konsens darüber, in Erinnerung zu rufen, dass die Familie die vorrangige Schule der Erziehung ist. Die christliche Gemeinschaft unterstützt und ergänzt sie in dieser unersetzlichen bildenden Rolle. Von verschiedenen

Seiten wird es als erforderlich erachtet, Räume und Zeiten der Begegnung zu finden, um die Bildung der Eltern und den Erfahrungsaustausch unter Familien zu erleichtern. Es ist wichtig, dass die Eltern als erstrangige Erzieher und Zeugen des Glaubens für ihre Kinder in die Angebote zur Vorbereitung der Sakramente der christlichen Initiation aktiv einbezogen werden.

(144.) In den verschiedenen Kulturen behalten die Erwachsenen in der Familie eine unersetzliche erzieherische Funktion. Desungeachtet beobachten wir in vielen Zusammenhängen eine kontinuierliche Schwächung der erzieherischen Rolle der Eltern auf Grund der aufdringlichen Präsenz der Medien innerhalb der Familie und der Tendenz, Anderen diese Aufgabe zu übertragen. Es wird darum gebeten, dass die Kirche die Familien bei ihrer Aufgabe, im Hinblick auf die schulischen und erzieherischen Programme, die ihre Kinder betreffen, kritisch und verantwortlich zu sein, ermutigt und unterstützt.

(145.) *(61) Die Kirche hat, ausgehend von der christlichen Initiation und durch aufnahmebereite Gemeinschaften im Hinblick auf die Unterstützung der Familien eine wichtige Rolle. Sie ist mehr denn je gefordert, die Eltern in den alltäglichen wie in den komplexen Situationen bei der Aufgabe der Erziehung zu unterstützen und die Kinder und Jugendlichen in ihrem Wachstum auf personalisierten Wegen zu begleiten, die in der Lage sind, sie in den umfassenden Sinn des Lebens einzuführen und ihnen Entscheidungen und die Übernahme von Verantwortung zu ermöglichen, die im Lichte*

DIE SENDUNG DER FAMILIE HEUTE

des Evangeliums gelebt werden. Maria kann in ihrer Zärtlichkeit, Barmherzigkeit und mütterlichen Liebe den Hunger nach Menschlichkeit und Leben stillen. Deshalb wird sie von den Familien und vom christlichen Volk angerufen. Seelsorge und Marienverehrung sind gute Ausgangspunkte, um das Evangelium der Familie zu verkünden.

(146.) Der christlichen Familie kommt die Pflicht zu, den Glauben an ihre Kinder weiterzugeben. Diese Pflicht hat ihre Grundlage in der bei der Feier der Trauung übernommenen Aufgabe. Solche Weitergabe will mit Unterstützung der christlichen Gemeinschaft im Gang des Familienlebens umgesetzt werden. Die Zeiten der Vorbereitung der Kinder auf die Sakramente der christlichen Initiation sind in besonderer Weise wertvolle Gelegenheiten für die Eltern, den Glauben wieder zu entdecken und dadurch zu den Grundlagen ihrer christlichen Berufung zurückzukehren, indem sie in Gott die Quelle ihrer Liebe anerkennen, die Er durch das Sakrament der Ehe geweiht hat.

Die Rolle der Großeltern bei der Weitergabe des Glaubens und der religiösen Praxis darf nicht vergessen werden: mit ihrem weisen Rat, ihrem Gebet und ihrem guten Beispiel sind sie in den Familien unersetzliche Apostel. Die Teilnahme an der sonntäglichen Liturgie, das Hören auf das Wort Gottes, der Empfang der Sakramente und die gelebte Liebe stellen sicher, dass die Eltern ihren Kindern ein glaubwürdiges und klares Zeugnis Christi geben.

Gebet zur Heiligen Familie

Jesus, Maria und Josef,
in Euch betrachten wir
den Glanz der wahren Liebe.
Mit Vertrauen wenden wir uns an Euch.

Heilige Familie von Nazaret,
lass auch unsere Familien
zu einem Ort der Gemeinschaft
und zu Zellen des Gebets werden,
zu echten Schulen des Evangeliums
und kleinen Hauskirchen.

Heilige Familie von Nazaret,
nie wieder soll in den Familien die Erfahrung
der Gewalt, der Abschottung
und der Teilung gemacht werden:
wer immer verletzt oder schockiert wurde,
dem sei bald Trost und Heilung geschenkt.

Heilige Familie von Nazaret,
die kommende Bischofssynode
möge in allen das Bewusstsein dafür wecken,
dass die Familie heilig und unverletzlich ist
und ihre Schönheit im Plan Gottes begründet liegt.

Jesus, Maria und Josef,
hört unsere Bitte an und erhört uns.

Amen.

Quellenverzeichnis

Seite 6: Erzbischof Dr. Heiner Koch: Knotenpunkt Familie. Alle Rechte beim Autor

Seite 8: Erzbischof Dr. Heiner Koch: Rückblick mit Perspektiven – Familiaris Consortio. Alle Rechte beim Autor

Seite 32: Reinhard Kardinal Marx: Die Bedeutung der Familie. Aus der Perspektive der katholischen Kirche. Alle Rechte beim Autor

Seite 40: Bischof Dr. Franz-Josef Bode: Machen wir die richtige Familienpolitik? – Perspektiven. Einstiegsvortrag zur Podiumsdiskussion in der Katholischen Landvolkshochschule Oesede am 13. April 2015. Alle Rechte beim Autor

Seite 49: Erzbischof Dr. Heiner Koch: Hier beginnt Zukunft. Ehe und Familie – Herausforderungen. Dresden im April 2014. Alle Rechte beim Autor

Seite 64: Bischof Dr. Franz-Josef Bode: Ehe und Familie stärken. Alle Rechte beim Autor

Seite 68: Bischof Dr. Franz-Josef Bode: Ohne Netz und doppelten Boden – Angebote und Perspektiven. Alle Rechte beim Autor

Seite 71: Erzbischof Dr. Heiner Koch: Trauen Sie sich! Zehn gute Gründe für die Ehe. Alle Rechte beim Autor

Seite 95: Anhang: Berufung und Sendung der Familie in Kirche und Welt von heute. Instrumentum Laboris (Auszüge). © Libreria Editrice Vaticano, Cittá del Vaticano